青少年运动技能精品课程

青少年羽毛球运动
从入门到精通

王琳 编著

全彩
图解视频
学习版

人民邮电出版社
北京

图书在版编目（CIP）数据

青少年羽毛球运动从入门到精通：全彩图解视频学
习版 / 王琳编著. -- 北京：人民邮电出版社，2019.5
青少年运动技能精品课程
ISBN 978-7-115-48999-9

Ⅰ．①青… Ⅱ．①王… Ⅲ．①羽毛球运动－青少年读
物 Ⅳ．①G847-49

中国版本图书馆CIP数据核字(2018)第175769号

免责声明

作者和出版商都已尽可能确保本书技术上的准确性以及合理性，并特别声明，不会承担由于使用本出版物中的材料而遭受的任何损伤所直接或间接产生的与个人或团体相关的一切责任、损失或风险。

内 容 提 要

本书由世界羽毛球锦标赛女单冠军王琳亲自进行内容讲解和动作演示。

全书共分为15章，第1章至第3章介绍了羽毛球场地与装备、热身运动与拉伸运动、基础知识与球感培养，第4章介绍了发球的基础知识与训练，第5章至第10章介绍了前场、中场、后场的击球技术和步法，第11章至第12章介绍了单打与双打的知识和战术，第13章至第14章介绍了体能训练方法和损伤的预防、处理措施，第15章介绍了羽毛球比赛的相关规则，带领青少年快速入门与进阶。

本书借助大量的高清图片和视频，从连贯动作、局部细节和球员动作方向等多个层面对关键技术动作进行了展示和讲解，旨在帮助青少年轻松理解、快速掌握。不论是青少年羽毛球爱好者，还是羽毛球教练，都可以从本书中获益。

◆ 编　著　王　琳

　　责任编辑　刘　蕊

　　责任印制　周昇亮

◆ 人民邮电出版社出版发行　　北京市丰台区成寿寺路 11 号

　　邮编　100164　　电子邮件　315@ptpress.com.cn

　　网址　http://www.ptpress.com.cn

　　三河市君旺印务有限公司印刷

◆ 开本：700×1000　1/16

　　印张：12.5　　　　　　　　2019 年 5 月第 1 版

　　字数：627 千字　　　　　　2025 年 10 月河北第24次印刷

定价：58.00 元

读者服务热线：(010)81055296　印装质量热线：(010)81055316
反盗版热线：(010)81055315

contents
目录

第1章

羽毛球场地与装备

本章介绍了羽毛球场地与羽毛球常用装备，带领大家对羽毛球运动有一个初步的认识。

羽毛球场地

▌球网、网柱、地胶

球网：球网为长6.10米、宽0.76米的长方形，由优质、深色的天然或人造纤维制成。网孔大小为边长15~20毫米的正方形。球网上沿缝有75毫米宽的双层白布（对折而成）形成夹层，细钢丝绳或尼龙绳从中穿过，将球网牢固地张挂在两个网柱之间。

网柱：网柱高1.55米，由金属或碳素材料制成，网柱必须稳固且同地面垂直，使挂在两个网柱之间的球网保持拉紧状态，网柱和球网一起组成比赛场地的关键界限。

地胶：地胶是铺设在羽毛球场地上的覆盖层，由PVC耐磨层、玻璃纤维加强层和PVC发泡缓冲层组成，可以增强鞋子与地面间的摩擦力，起到防滑的作用，并且能传递来自运动员腿部和脚部的强劲动力。铺设地胶的场地，不会吸光，也不会反射强光，可以有效保护运动员的眼睛，使其不易产生疲劳。地胶的铺设在很大程度上减少了运动员的损伤。

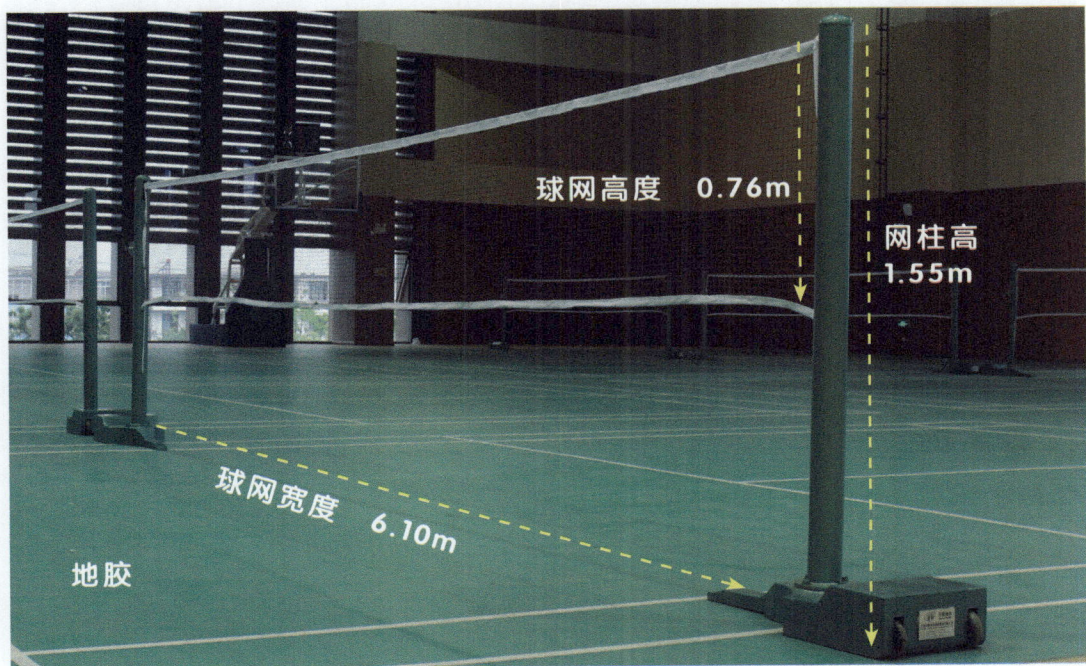

球网高度　0.76m

网柱高
1.55m

球网宽度
6.10m

地胶

场地规格

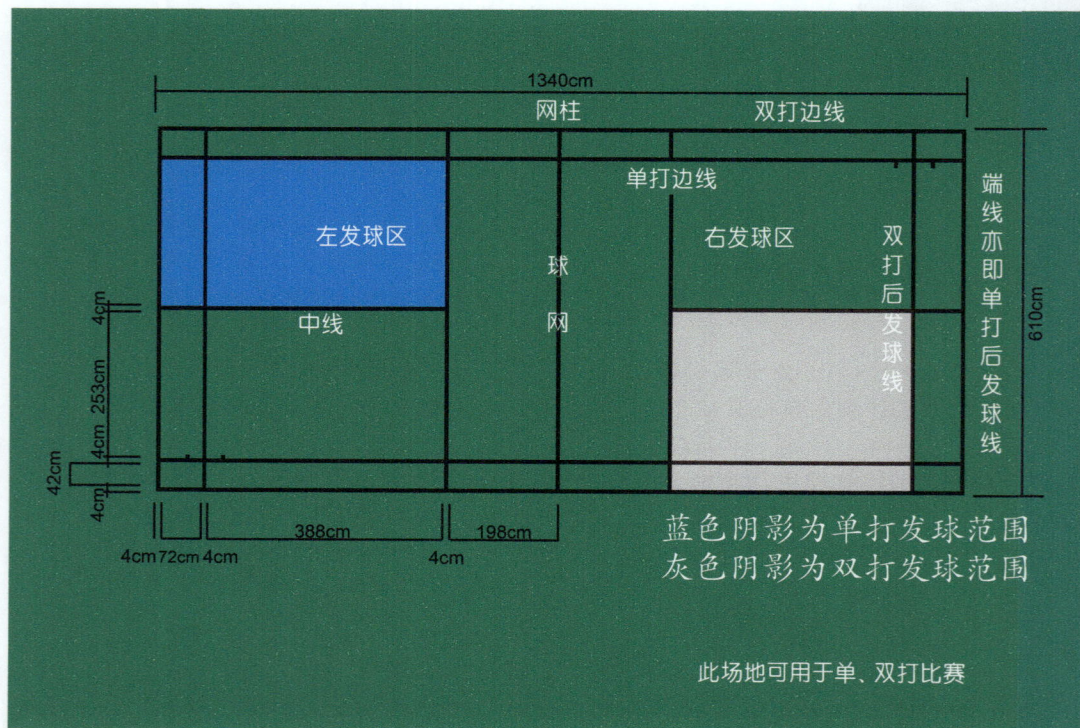

图中标注：
- 1340cm
- 网柱
- 双打边线
- 单打边线
- 左发球区
- 右发球区
- 双打后发球线
- 球网
- 中线
- 端线亦即单打后发球线
- 610cm
- 4cm
- 4cm 253cm
- 42cm
- 4cm
- 4cm
- 4cm 72cm 4cm
- 388cm
- 198cm
- 4cm

蓝色阴影为单打发球范围
灰色阴影为双打发球范围

此场地可用于单、双打比赛

羽毛球场地是中央被球网（边线处网高1.55米，中间顶部网高1.524米）平均分开的长方形场地。场地上空高9米，周围2米内不得有障碍物。

球网一侧场地横向被中线平分为左右两个半区；纵向被分为前场、中场、后场。前场就是从前发球线到球网之间的场地；后场是指从端线到双打后发球线之间的场地；中场是前发球线与双打后发球线之间的场地。

羽毛球装备

▌球拍

◉ 球拍的构造

拍框

从拍框的截面看，有半圆形截面、框形截面、翼形截面等样式，截面不同，扭力也不同

有效区域
（甜区）

拍头

有圆形拍头和方形拍头之分

球拍接头

从外形上看分为 T 形接头和 Y 形接头，全碳接头从外观看是一体的

拍杆

连接拍框和拍柄，上面标有球拍参数

拍锥盖

拍锥盖上一般印有球拍参数

拍锥盖上常见参数

U－重量，数值越高，重量越轻；G－表示拍柄的粗细，G1 最粗，G5 最细；H－横线(磅数)，V－竖线(磅数)；HH－平衡点靠前，拍头重；HL－平衡点靠后，拍头轻；S－硬度，越靠近 S 硬度越大；F－柔韧，越靠近 F 越柔软

拍柄

多为木质，须缠绕手胶，以减少对手部的摩擦伤害，并吸收汗渍

穿好线
的球拍

◉ 线的种类

羽毛球线在反弹性能、耐用性能、控球性能、吸震性能、击球手感方面都有不同的级别组合和特殊的生产工艺，以满足不同类型选手对不同球拍和不同打法的组合需要。
推荐使用横、竖线分开，四点打结的专业拉线法来拉羽线，一般为：双打——横24磅、竖22磅，单打——横22磅、竖20磅（女子可减1~2磅）。

◉ 球拍的选择技巧

在初识羽毛球的时候，选择适合自己的羽毛球拍是很重要的。但是，球拍的种类很多，拍头的形状不同，拍子的重量不同，拍上的球线也千差万别，更不要说价格的悬殊了。怎样挑选到合适、称手的羽毛球拍呢？我们从以下几点来分析研究。

（1）拍头的形状。拍子上手，最直观的就是拍头的形状，相对来说方形球拍比圆形球拍的有效区域要大。

（2）拍子的重量。选择适合自己的重量。球拍重量并不是越轻越好，使用重量轻的拍子扣球时，力度会打折扣。一般来说，全碳球拍的重量最轻，但价格较贵。

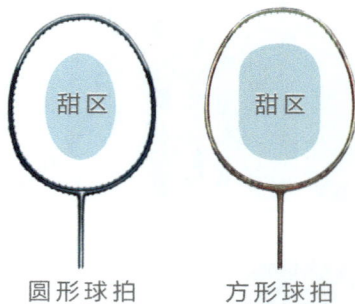

圆形球拍　　方形球拍

（3）球拍的硬度。球拍的硬度包括拍杆的硬度和拍框的硬度。拍杆的硬度不能太大，尤其是中杆，需要有弹性。拍杆的硬度可通过挥动球拍看是否有震动感来测试，震动感较大的球拍弹性好，击球时回弹力会形成鞭打的效果，提高球速。拍框硬度越大，触球时就越不容易发生变形和扭动，因此拍框的硬度应大一些。

（4）平衡点。可通过用手指托住中杆位置的方法来确定平衡点，平衡点离拍框较近的球拍，适合进攻型球员使用；平衡点离拍柄较近的球拍，适合防守型球员使用。

（5）扭力。球拍的扭力测试：左手握拍框保持不动，右手握拍柄，将拍柄顺时针或逆时针转动，拍面所能转动的角度，就是球拍的扭力。扭力越小，球拍对球的控制力就越好，能保证击球的落点在击球者的预测范围内。扭力和球拍使用的材料有很大关系，材料的密度越高，扭力就越小。

价钱也是羽毛球爱好者很关心的一个因素。球拍并不是越贵越好。贵的拍子各方面性能都很优越，但是作为初学者，根本体会不到拍子的优越性，因此开始学习时，适当挑选即可。

羽毛球

羽毛球主要由羽毛和球头（也称"球托"）组成，其构造复杂而对称。

羽毛

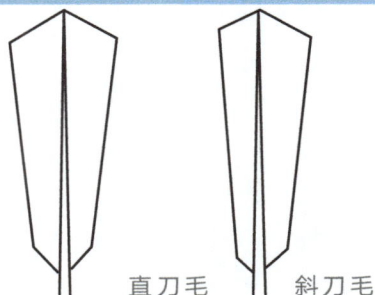

直刀毛　　　斜刀毛

鹅毛材质：鹅毛在我国有三大产区。

四川毛：产出时间集中在每年4~7月。

华东毛：产地集中在安徽、江苏、浙江三省，产出时间集中在每年7~10月。

东北毛：产地集中在东北三省，产出时间集中在每年10~12月。

用四川毛制造出来的球好打，而用东北毛制造出来的球耐用、漂亮。

羽毛球的羽毛主要由鹅毛或鸭毛制成。优质羽毛球的羽毛由鹅毛制成，长度为6~7厘米，共16根。羽冠的直径为58~68毫米。按照形状，羽毛可以分为直刀毛和斜刀毛，斜刀毛主要用于生产家庭娱乐和小学生活动所用的羽毛球，直刀毛则主要用于生产中、高级羽毛球。

羽毛裁制率：一只鸭子两个翅膀，平均每个翅膀的羽毛裁制率约为16根；一只鹅两个翅膀，平均每个翅膀的羽毛裁制率约为20根。

标准A级别，比赛用球，两个翅膀的羽毛裁制率，鸭为3~4根，鹅为5~6根；标准B级别，两个翅膀的羽毛裁制率，鸭约4根，鹅约4根；标准C级别，两个翅膀的羽毛裁制率，鸭约4根，鹅约4根。顶级羽毛球的羽毛，必须由16根顺滑、洁白的羽毛以相同的角度排列而成。

球头

按制作材料，球头可分为硬质塑料球头、泡沫塑料球头、台纤球头、软木球头。中、高档羽毛球均采用软木球头。现在常用的是台纤球头和软木球头。

台纤球头："台纤"就是台湾某软木厂生产的化纤材料，具有重量轻、耐打、硬度好的特点。这种球头的上层为台纤材料，下层为软木（软木颗粒或整体软木）。

软木球头：软木球头又分为三种，分别是整体软木球头、复合软木球头、再生软木球头。整体软木球头表现最出色，稳定，耐打，一般用在顶级的鹅毛球中，但是由于气候、品种、生产年限的局限，很多整体软木球头质量并不是很好，容易开裂。复合软木球头成本较低，用天然软木碎屑加上专用胶水，经高压成形，其耐打性不如整体软木球头。再生软木球头的耐打性则不如前两种，但是比较适合初学者击打使用，初学者很容易打到羽毛，对球头的损伤性不大。

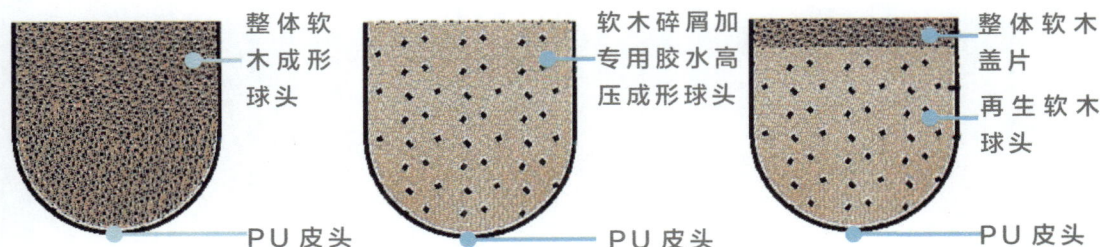

整体软木成形球头　　　PU皮头

软木碎屑加专用胶水高压成形球头　　　PU皮头

整体软木盖片　再生软木球头　　　PU皮头

羽毛

毛片厚实,羽毛
细密,毛杆粗壮,
落点精准更耐打

毛杆笔直粗壮

耐打,不易折断,
间隔均匀,长短
一致,飞行稳定

优质复合软木球头

弹性好,击打和
耐用性非常出色,
不易裂开,保证了
飞行的稳定性

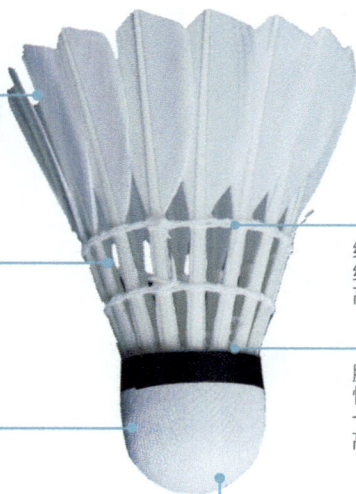

高密度线圈

细致整洁,做工精
细,美观的同时提
高了飞行稳定性

进口胶水

胶水轻质细腻,黏
性大,牢固粘紧每
一根毛片,同时提
高 20% 的耐打度

球头台纤部分

台纤紧凑密实,与
软木衔接结实,增
强耐打性

◉ 羽毛球的选择技巧

羽毛球的选择有以下几个标准。

(1)外形。外形要整齐,羽毛要洁白顺滑,插片的角度要一致。

(2)羽毛杆。粗且直,胶水均匀,用手握上去要有硬度,弹性好,不变形。

(3)稳定性。试打时,飞行稳定,不摇晃,不漂移。同一筒内的羽毛球性能不应该有明显差别。

(4)速度。羽毛球的速度有专门的数值表示(球筒顶盖上会有标注),数值越小,重量越小,
球速越慢,适用于气温稍高的季节;数值越大,重量越大,球速越快,适用于气温较低的季节。
从轻到重的数值标示分别为:76、77、78、79 或1、2、3、4。

羽毛球服

◎ 服装的种类

女装

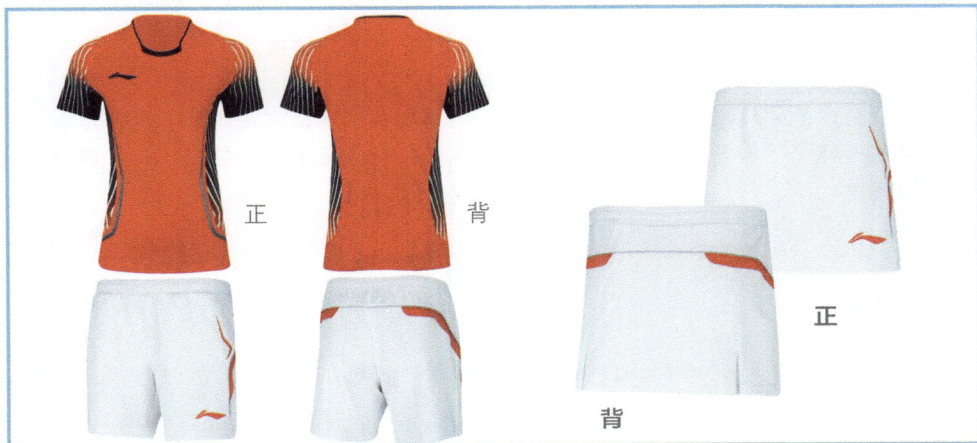

正　　　　　背

正

背

女装版型较为纤瘦，除了适合运动外，还兼顾外表的靓丽。

男装

正　　　　　背　　　　　正　　　　　背

男装版型较为宽大。

◎ 服装的选择技巧

首先，要选择较为宽松的服装，但也不能过于宽松。太紧或太宽松都会对运动造成障碍。裤装需要带有一定的弹性。

其次，不要选择纯棉服装。羽毛球运动属于出汗较多的运动，而纯棉服装的吸汗能力有限，且吸附在上面的汗水不易蒸发，衣服会因为吸收的汗水越来越多而增重，贴在身上，使人感觉很不舒服。

羽毛球服装常用面料有：涤纶棉混纺布、涤纶布、鸟眼布和金光绒布等。这些面料舒适感不错，有很好的透气性，吸附在上面的汗水能很快蒸发掉。

羽毛球鞋

◉ 鞋的种类

羽毛球鞋的主要区别在于鞋底，可分为生胶鞋底和人工橡胶鞋底。

生胶鞋底抓地力强，适用于木板场地。

人工橡胶鞋底分硬底和软底，硬底适用于水泥或磨石子地，软底适用于塑胶场地。

无论是哪种鞋子，最好只在室内打球时穿，这样既可以避免鞋子弄脏，又可以避免鞋底因沾满灰尘而变滑。

◉ 鞋的选择技巧

羽毛球鞋是羽毛球运动中非常重要的装备，不仅要防滑，而且要减震，因此羽毛球鞋主要根据这两个功能来选择，具体可参考以下几点。

（1）防滑：羽毛球运动多在塑胶地面和木质地板上进行，因此要选择防滑性能好的鞋子。这类鞋子的鞋底一般由生胶或人工橡胶制成。

（2）透气：选择有大面积透气网眼的鞋子，其散热性能好，舒适而轻盈。

（3）减震：减震设计一般位于鞋子的后跟部分，这样设计主要考虑到羽毛球运动的扣杀和网前跨步击球的技术特点，因此羽毛球鞋的鞋底不能太厚。同时，羽毛球运动中，脚部后掌发力的时候比较多，因此不能使用后跟较高的鞋子。

橡胶大底
抓地力强，耐磨

凹形护踝
保护脚踝，
防止扭伤

透气鞋面
透气轻盈

Y形防护
增强防护，
防止扭伤

羽毛球袜

由于羽毛球运动中动作幅度大，运动强度高，会有反复的起跳、移动、制动等动作，所以相对来说对羽毛球袜的要求比较高，要选择吸汗、袜底加厚、一体成形的纯棉袜子。

整体构造

纯棉质地
柔软，吸汗，摩擦力大，能保护脚部

袜底加厚
禁得住运动时的摩擦，延长使用寿命，并起到减震的作用

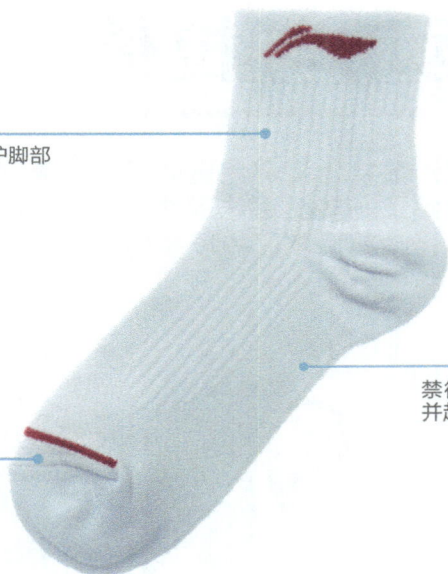

一体成形
袜子前端没有突出的缝合线，更加结实，使脚部（尤其是脚趾）更舒服

第2章

热身运动与拉伸运动

在进行羽毛球运动前，为了避免运动损伤，通常要做一些热身运动。本章介绍了一些羽毛球运动前常见的热身与拉伸运动，带领大家在运动前后将肌肉调整到最佳状态。

1 运动前的热身

▌颈、肩热身

● 颈部运动

45° 45°

两脚并立，
双手叉腰，
目视前方。

1 向前低头，下颌努力靠近胸骨，一直到后颈处的肌肉有拉伸感。

2 仰头，努力向后拉伸，使颈前区的肌肉充分伸展。重复动作。

3 头部向左侧屈约45°，直到颈部肌肉有拉伸感，然后头部回正，身体不要来回晃动。

4 头部向右侧屈约45°，直到颈部肌肉有拉伸感，然后头部回正。重复动作。

其他角度

前后各完成一次后，左右侧屈头部，注意力度不要过大，速度不宜过快。各个方向也可作静态拉伸。

双手要触碰
肩部。

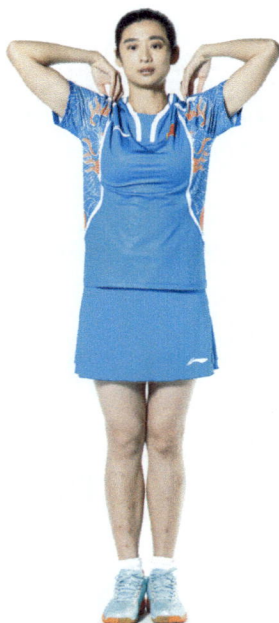

1 两脚并立，目视前方，双臂屈肘张开，双手置于肩部，掌心向下。

2 保持双臂和双手姿势不变，从后往前绕肩关节旋转手臂一周，回到起始位置。换反方向绕肩关节旋转手臂一周，回到起始位置。双向交替进行。

其他角度

上肢、腰部热身

进行羽毛球运动前一定不能忘记上肢热身。这里所说的上肢热身主要是针对肩关节及腕关节的热身。通过对肩关节的环绕、拉伸和腕关节的扭转，让重点部位活动开来。

● 振臂运动

90°

> 速度不要过快，避免肌肉拉伤。

1 两脚并立，目视前方，双臂自然下垂，手掌微握成拳状。

2 右臂向前伸出，做上摆运动，另左臂稍向外侧延伸，保持不动。

3 换左臂上摆，右臂稍向外伸，保持不动。左右臂交替进行。

其他角度

◉ 手臂绕环运动

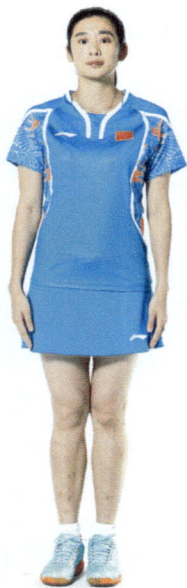

1 两脚并立，双臂自然下垂，手心向内。

2 双臂向前伸直，经上、向后绕环。

双手向上举起，要伸直。

其他角度

在进行手臂绕环运动时用力不宜过猛，要以肩部为中心，使胸部和手臂都得到锻炼，同时让肩关节和手臂肌肉放松并越来越有弹力。

3 旋转一周后，回到起始位置。然后换方向从后向前绕环，环转一周后，回到起始位置。重复动作。

手臂要一直伸直。

向右下压

1 两脚开立，与肩同宽，右臂自然下垂，左臂上举，目视前方。左臂带动肩部、腰部、胯部向右下方侧屈，直至身体左侧肌肉有拉伸感，然后回正。

其他角度

向左下压

2
换左臂自然下垂，右臂上举，带动肩部、腰部、胯部向左下方侧屈，直至身体右侧肌肉有拉伸感，然后回正。重复动作。

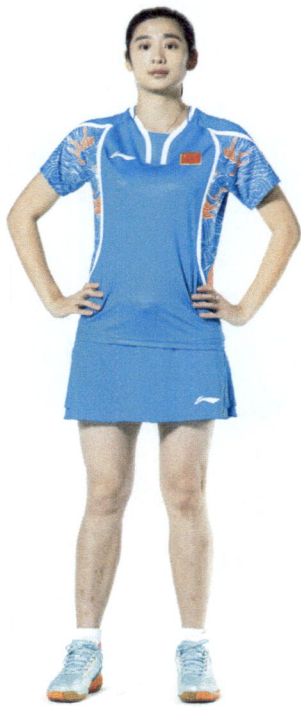  

右扭 **45°**

1 两脚开立，与肩同宽，双手叉腰，目视前方。

2 身体绕矢状轴向右侧屈，一直到腰部左侧的肌肉有拉伸感，然后回正。

其他角度

45° 左扭

3
向左侧屈，一直到腰部右侧的肌肉有拉伸感，然后回正。重复动作。

向右旋转

向左旋转

1 两脚开立，与肩同宽，双臂胸前平屈，手指放松，手心向下，目视前方。

2 保持双臂姿势不变，身体绕垂直轴向右旋转，然后回正。

3 向左旋转，然后回正。重复动作。

其他角度

下压

下压

1 两脚并立，双臂自然下垂，双手交叉，掌心向下。

2 两腿并拢绷直，腰部带动身体前屈。双手尽可能地向下压，直到碰到地面为止。重复下压动作。

其他角度

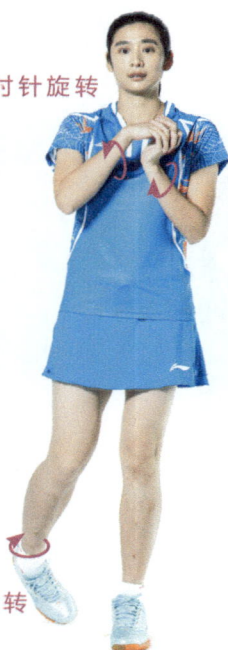

顺时针旋转

顺时针旋转

顺时针旋转

1 两脚开立，前臂前屈，双手十指交叉。

2 左腿绷直，右脚脚尖点地，顺时针转动右脚踝，双手十指交叉同时转动。

3 右腿绷直，左脚脚尖点地，顺时针转动左脚踝，双手十指交叉同时转动。重复动作。

其他角度

下肢热身

◉ 弓步压腿

腰背挺直，避免给下肢带来过多的压力。

1 两脚前后开立，前腿屈膝，后腿绷直，呈弓步。

压腿时，双手置于支撑腿膝盖上，这样既可以稳定身形，不易打晃，又可以有效防止膝盖受损。

2 开始向下重复压腿，身体保持正直，不要来回晃动。然后重复动作。

◉ 侧压腿

挺胸塌腰，下压时逐渐用力，左右移动时要低稳缓慢。开胯沉髋，挺胸下压，使臀部和腿内侧尽量贴近地面移动。

侧压腿的时候腰背可以稍稍下沉，不必刻意保持竖直。

1 左腿屈膝下蹲，右腿绷直，重心位于左腿；双手置于同侧膝盖处。

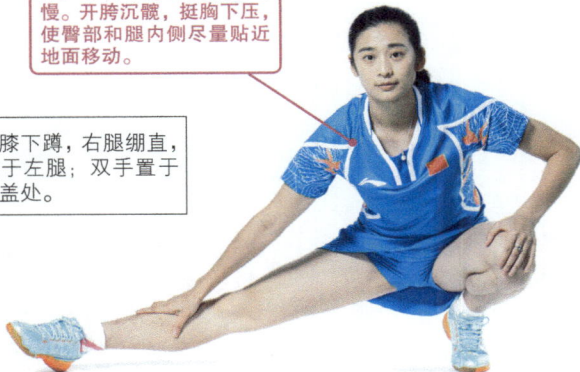

2 开始向下重复压腿，身体保持正直，不要来回晃动。然后换另一条腿屈膝，重复动作。

技巧提示

压腿后一定要练一下踢腿，正踢、侧踢、外摆、里合，俗称遛腿，这样做可以使腿部更加灵活。但要注意，踢腿不宜过猛，过猛容易拉伤肌肉，或使膝关节受伤。

运动后的拉伸

▌肩、臂拉伸

◉ 双臂向上、向后拉伸

90°

1 两腿交叉盘坐于地，目视前方，双臂向上伸直，双手交叉，掌心向上。

2 保持盘坐姿势不变，双臂向后伸直，双手交叉，掌心向内。

其他角度

技巧提示

向后拉伸时一定要练一下甩臂，这样做可以使肩部更加灵活。但要注意，甩臂不宜过猛，过猛容易拉伤肌肉，或使肩部受伤。

45°
右伸

1 两脚并立，面向前方，双臂折叠上举，于头部后方交叉。

2 颈部稍前倾，右手扶左臂肘部，向右后方施力拉伸，保持 5~15 秒。

其他角度

肩部紧张时，从颈部到肩部、背部范围内的肌肉会变得僵硬，血液流通不畅。如果这部分肌肉长期处于紧张状态，会导致血液循环不畅。

45°
左伸

3
换左手扶右臂肘部做同样的动作。

右臂屈肘，置于左臂外侧，向后方用力。

后伸

1 两脚并立，左臂伸直，右臂屈肘，左臂置于右臂内。

2 双臂保持用力状态，使左臂外侧有拉伸感，保持5~15秒。

其他角度

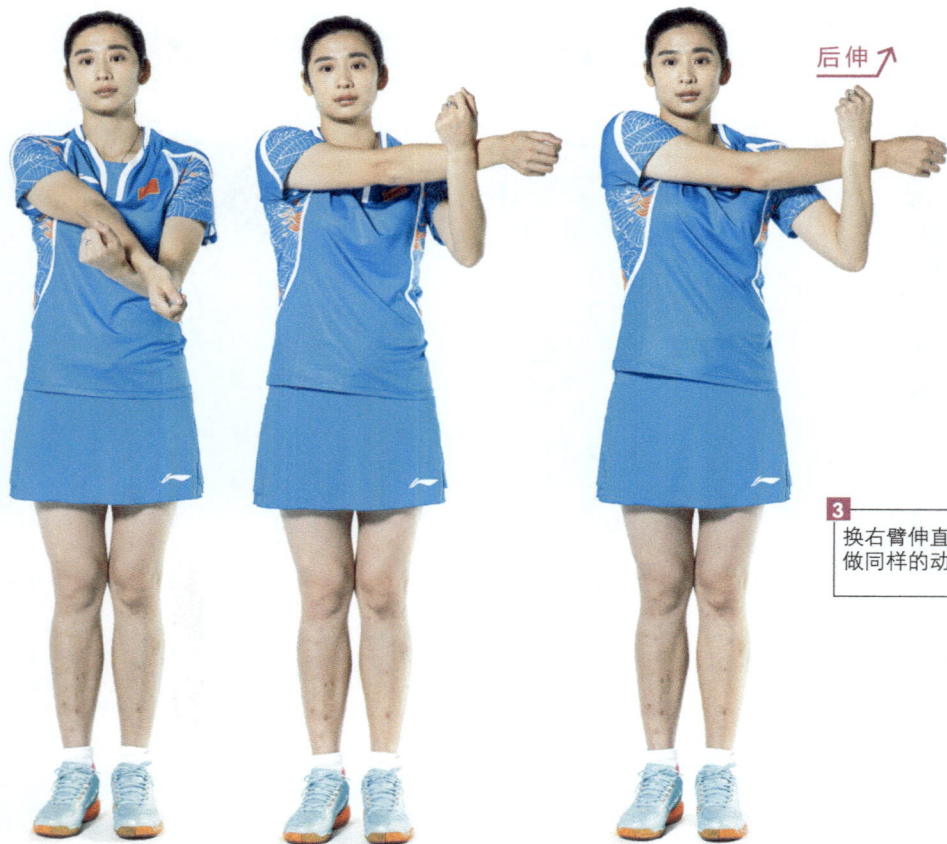

后伸↗

3
换右臂伸直，左臂屈肘，做同样的动作。

腰部拉伸

◎ 坐姿腰部转体拉伸

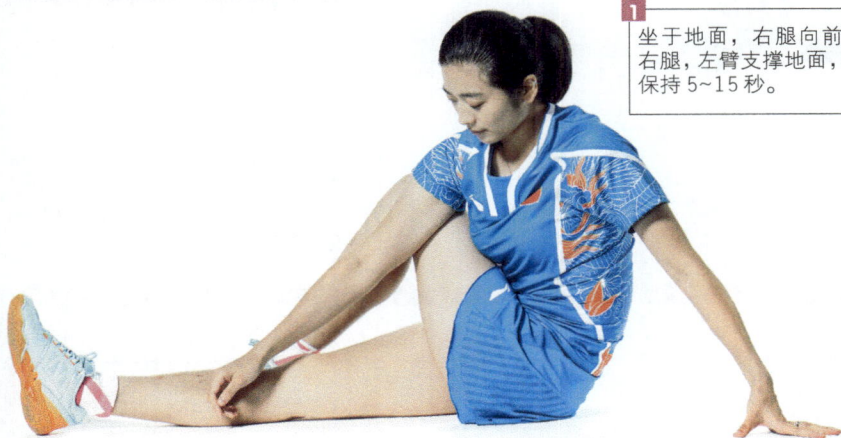

1 坐于地面，右腿向前伸直，左腿折叠，跨过右腿，左臂支撑地面，身体向左后方扭转拉伸。保持 5~15 秒。

2 换另一条腿做同样的动作。

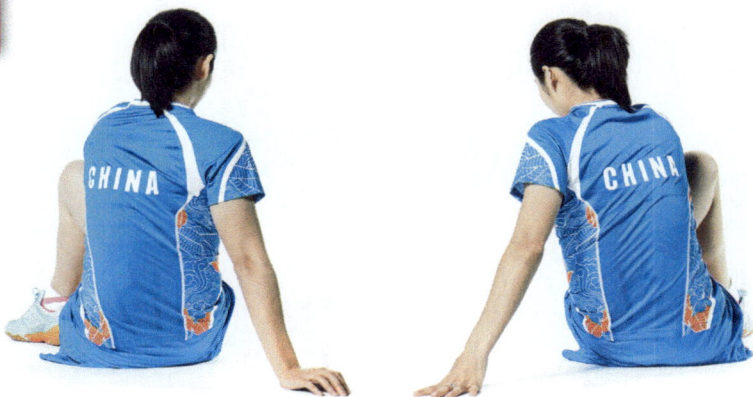

其他角度

◉ 坐姿两腿打开拉伸腰部

下压

1 两腿左右打开，将重心移到背部，双臂向前伸直，然后胸口慢慢向前下压。

下压

2 保持 5~15 秒。身体前倾时记得收腹。

技巧提示

脚尖朝上很重要，若脚尖歪向一侧，施加到腿部肌肉上的力就会不均匀，时间久了会造成肌肉发展不平衡。同时要注意背部下压时，身体摆正，胸口往前挺。

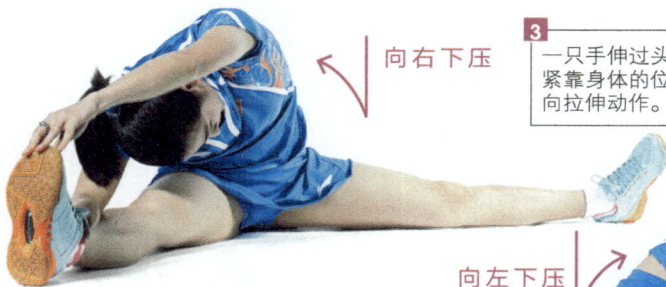

向右下压

3 一只手伸过头顶扶对侧脚。另一侧的手臂置于身体前方紧靠身体的位置。这是一个对背部和腿部都有好处的横向拉伸动作。

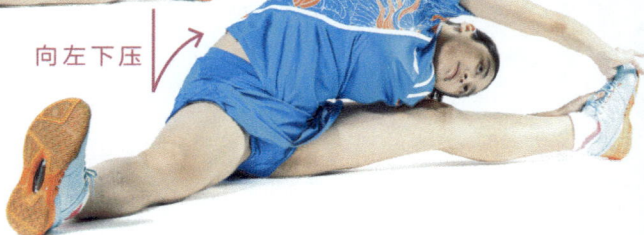

向左下压

4 保持 5~15 秒。身体两侧都要进行拉伸。

其他角度

下肢拉伸

◎ 仰卧单腿屈膝拉伸

1 仰卧，整个后背接触垫子，肩部放松。左腿保持平直，右腿折叠，双手抱住右腿膝盖，缓慢拉向胸部。保持 5~15 秒。

2 换另一条腿做同样的动作。

◎ 仰卧单腿上举拉伸

90°

1 仰卧，整个后背接触垫子，肩部放松。右腿保持平直，左腿向上举起，脚底朝上，两手相扣抵住膝盖后窝，上举的腿保持平直。持续 5~15 秒。

2 换另一条腿做同样的动作。

◉ 坐姿脚底并拢拉伸大腿

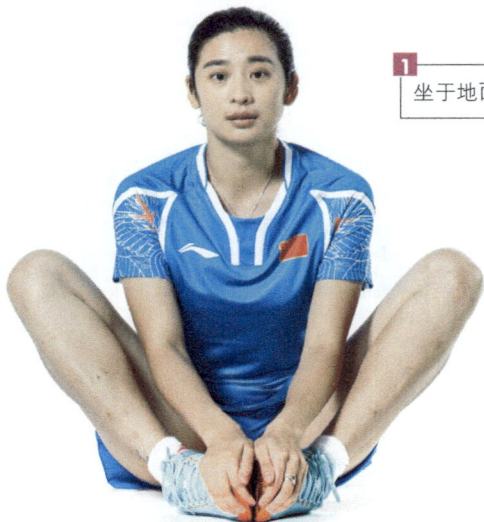

1 坐于地面，两腿屈膝向外打开，脚掌合并，双手扶脚尖。

下压

2 身体前倾，下压。两膝尽量靠近地面，保持 5~15 秒。

◉ 坐姿双腿并拢向前拉伸

下压

1 两腿并拢且绷直，上体前屈，双手握住脚尖，膝盖部位保持平直。

2 身体向下压直至感觉腰部、大腿后侧酸胀紧张，保持 15~30 秒。

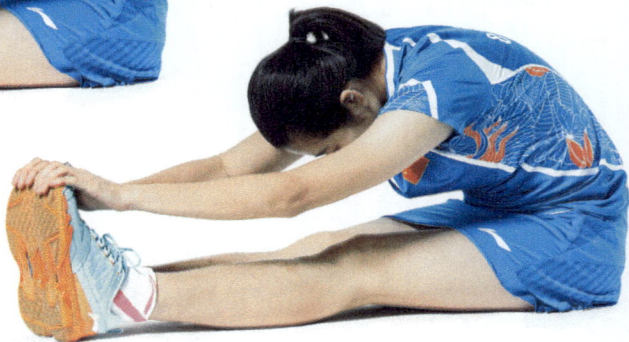

1 单腿站立，将拉伸腿向后折叠，手握脚尖，脚掌朝上，然后将脚跟向臀部拉伸，膝盖指向地面，保持 15 ~ 30 秒。被拉伸的大腿前侧应有酸胀感。

2 换另一条腿，做同样的动作。

其他角度

握拍基本技术、抓球、扔球、手掌接球、抛接球、颠球

基础知识与球感培养

本章重点讲解羽毛球的基础知识，包括各种握拍方法和球感的培养等，帮助读者在羽毛球技术学习方面快速入门。

握拍基本技术

羽毛球的握拍姿势根据个人习惯和操作方法，分为几种不同的方式，包括正手握拍、反手握拍、钳式握拍、锤式握拍等，这里讲解最常用的正手握拍和反手握拍。

▌正手握拍 ▶

正手握拍是羽毛球运动最基础的握拍方法。

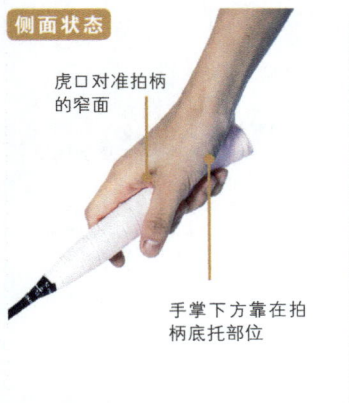

侧面状态

虎口对准拍柄的窄面

手掌下方靠在拍柄底托部位

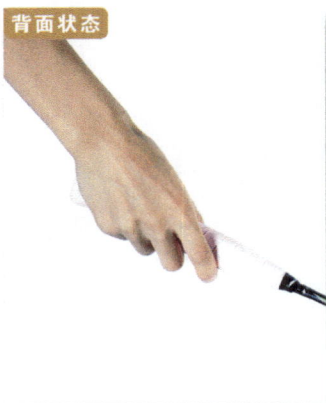

背面状态

顶面状态

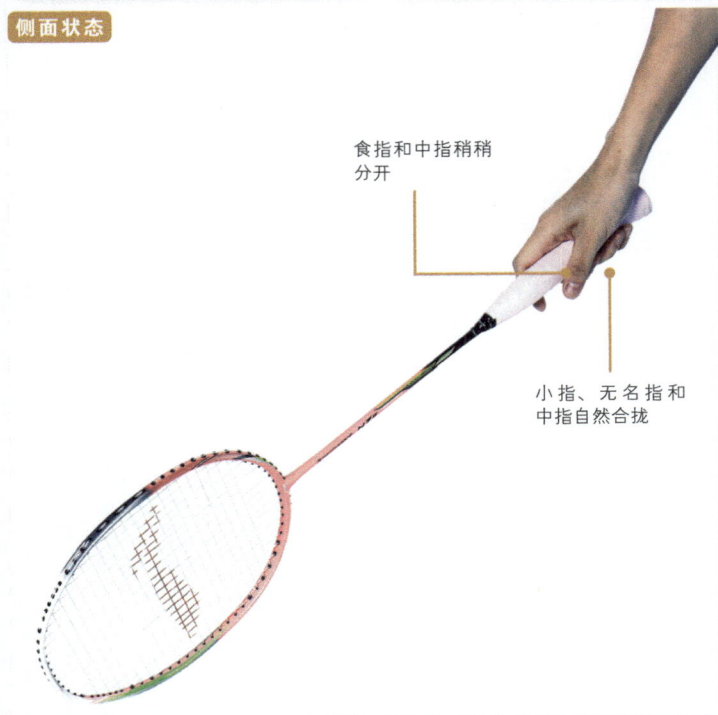

侧面状态

食指和中指稍稍分开

小指、无名指和中指自然合拢

技巧提示

一般在身体右侧的正手正拍面击球及头顶后场击球都使用正手握拍法。

❌ 错误动作

无论是正手还是反手，五指都应该保持松弛有度，不能抓得太死。

▌反手握拍 ▶

一般在身体左侧用球拍反面击球时所用的握拍方法被称为反手握拍法。在这种握拍方法中，拇指发力十分重要，因此又被称为拇指握拍法。

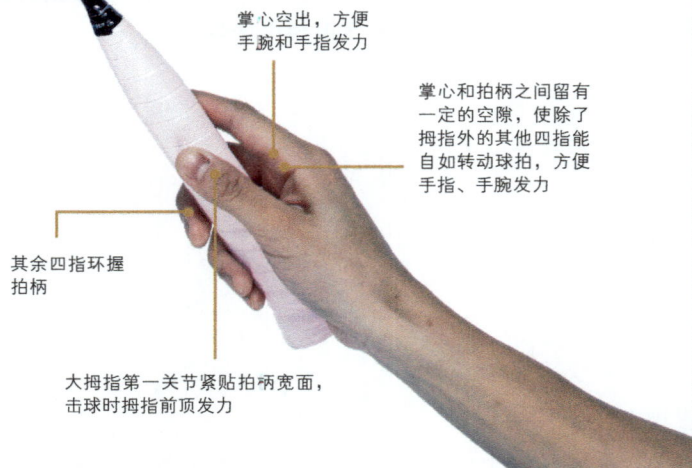

侧面状态

掌心空出，方便手腕和手指发力

掌心和拍柄之间留有一定的空隙，使除了拇指外的其他四指能自如转动球拍，方便手指、手腕发力

其余四指环握拍柄

大拇指第一关节紧贴拍柄宽面，击球时拇指前顶发力

技巧提示

反手握拍或叫拇指握拍，主要应用于反手扑球、反手防守和反手平抽球。

❌ 错误动作

也有少数人习惯将食指放在拍柄上伸直，但使用这种握法在大力挥动球拍的时候很容易出现脱柄等问题。

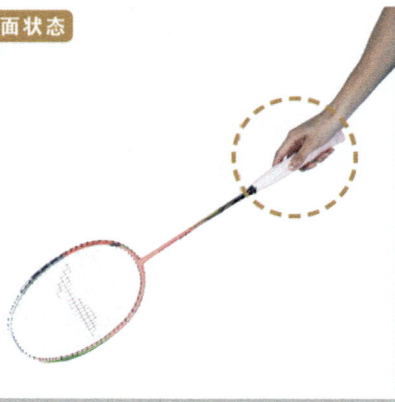

侧面状态

背面状态

第3章
2 基本球感的培养方法

想打好羽毛球，球感的培养是很重要的，下面介绍几种培养球感的方法。

▌抓球练习

实施方法：两人隔网相对，一人采用任意方式发球，另一人隔网接球。接球者要注视来球，判断来球方向，然后迅速用手将下落的羽毛球牢牢抓住。

◉ 抓球姿势

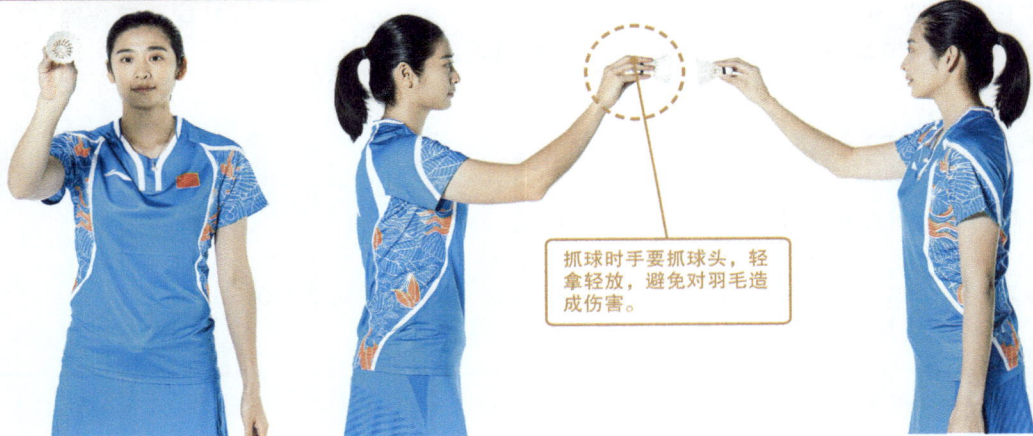

抓球时手要抓球头，轻拿轻放，避免对羽毛造成伤害。

▌扔球练习

扔球练习可以训练身体和手臂的协调性，以及手腕的力量和爆发力。

首先注意扔球时的握球姿势：像握铅笔一样，食指和拇指掐住羽毛球球头的底部，球头朝前，掌心空出。

实施方法：上臂带动前臂，向后牵引，然后向前抖动手腕，将球向前上方扔出。这项练习可以帮助体会高手位击球的动作。

▌手掌发球、接球练习

实施方法：两人相距3~4米，其中一人用手掌当球拍发球，用手掌将球击出，另一人用手接球。

发球者注意：以右手握拍为例，球平放在左手手掌心，球头向前。右手在体侧向后摆动，然后左手放球，右手将球击出。

接球者注意：向来球伸出手臂接球，顺势将手摆回体侧。

▌抛球、接球练习

抛球、接球练习，可以提高学习者的控球能力。

实施方法1：原地抛球、接球。正手握拍，将球放在拍面上，向上抛起再接住。
实施方法2：双人抛球、接球。两人面对面，保持2米的距离，一人将球向同伴抛出，同伴用正手发球的动作将来球击出。然后交换练习。

▌颠球练习

颠球练习，可以提高初学者对拍面和击球方向的控制能力。

实施方法：练习者正手握拍，将球放在球拍上，不断将球向上击出。

◉ 正手颠球 ▶

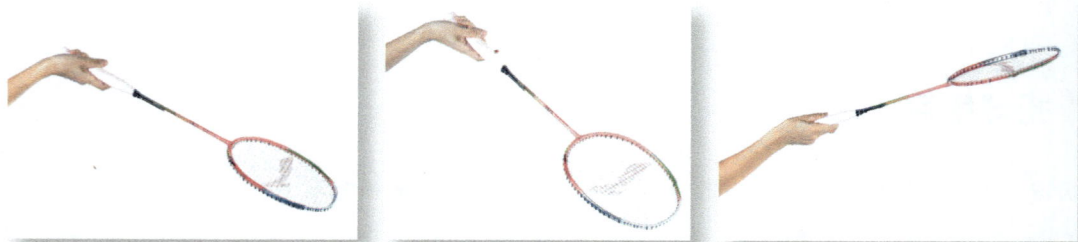

技巧提示

练习者用正手握拍法连续将球击出，不让球落地。正手颠球训练可以提高正手握拍的能力以及控制拍面和击球方向的能力。

实施方法：练习者反手握拍，将球放在球拍上，不断将球向上击出。

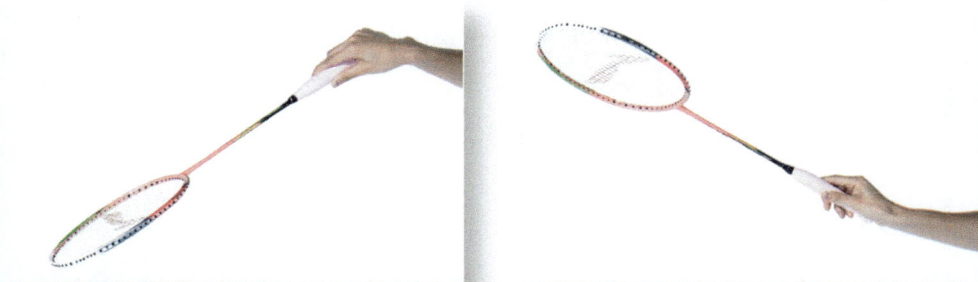

技巧提示

大拇指和前臂外旋发力，前臂和拍杆应时刻保持 120°～130°。重要的是手腕要随手背灵活转动。

◎ 正、反手交替颠球

实施方法：练习者正手握拍，将球放在球拍上，将球向上击出后，改正手为反手向上击球，持续交替进行下去。

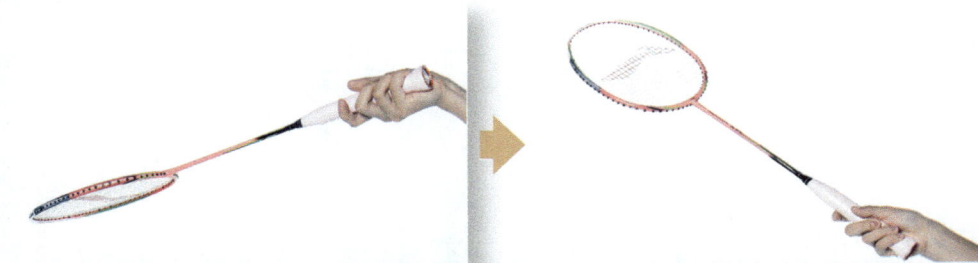

颠球姿势练习

正、反手交替颠球时，手腕要灵活，拇指的用力程度也要相应变化。

◎ 行进间颠球练习

行进间颠球练习，可以提高练习者在移动中控制球拍的能力。

实施方法1：无障碍行进颠球练习。寻找比较平整的场地，练习者一边进行10米往返走，一边颠球。可正手颠球、反手颠球，也可以正、反手交替颠球。

实施方法2：穿越障碍物颠球练习。可在场地上有规律地设置若干锥桶，练习者一边穿梭于锥桶之间，一边颠球。进行这项练习时一定要注意安全。

发球分类、发网前球、发高远球、发平高球、发平快球

发球的基础知识与训练

发球技术是打好羽毛球的必备技术，发球技术的好坏有时关乎比赛的胜负。本章将介绍发球的分类、各种发球方法的技巧以及发球的专项训练。

发球分类及手腕动作

▌ 发球分类介绍

按照握拍的手势来分，发球可分为正手发球和反手发球；按照球在空中飞行的弧线来分，发球可分为发网前球（也叫短球）、发平快球、发平高球、发高远球等。

各种发球弧线示意图
（以双打发球为例）
A. 发网前球
B. 发平快球
C. 发平高球
D. 发高远球

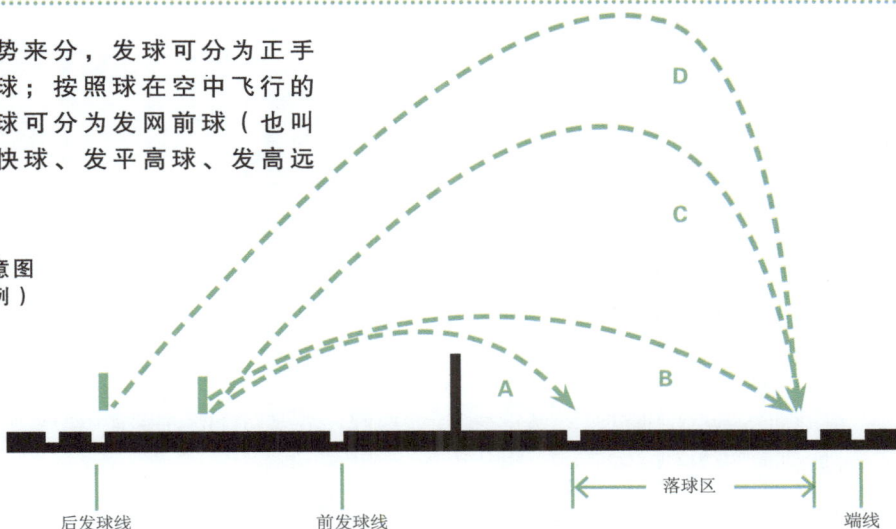

D

C

A   B

落球区

后发球线   前发球线   端线

▌ 常用手腕动作

在羽毛球运动中，手腕技巧的运用比较多，经常用到的有展腕、屈腕、收腕等，它们在发球与击球动作中起着重要作用。在学会发球、击球之前，必须先了解一下手腕动作。

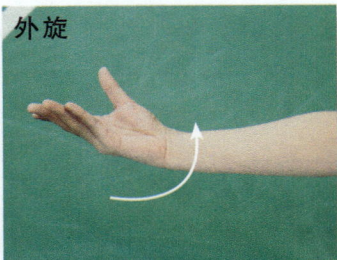

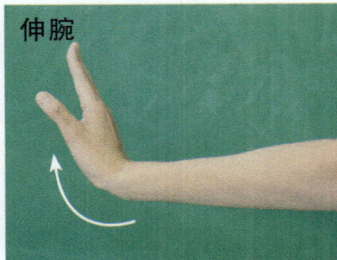

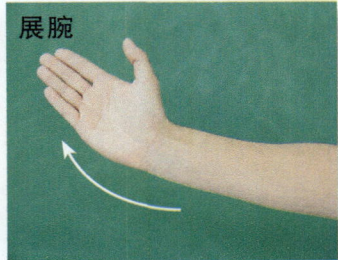

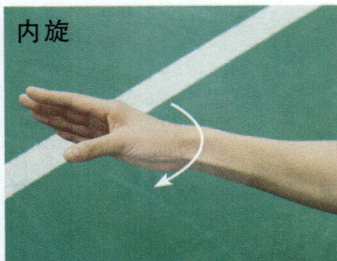

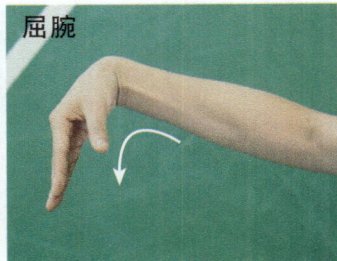

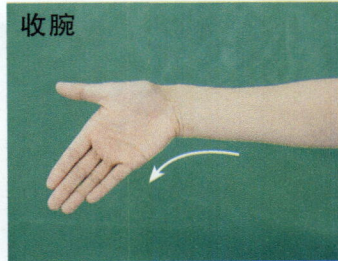

外旋

伸腕

展腕

内旋

屈腕

收腕

发球学习

▌▌发网前球

发网前球即把球发到对方发球区内网前附近的发球。网前球飞行弧度略高于球网，且落点距离较近，可有效防止对方强有力的进攻。

◉ 正手发网前球 ▶

持球手与视线齐平，与眼睛保持一定的距离。

1 两脚前后开立，与肩同宽。左脚在前，右脚在后，脚尖向右，重心在右脚上。右手握拍自然后举。

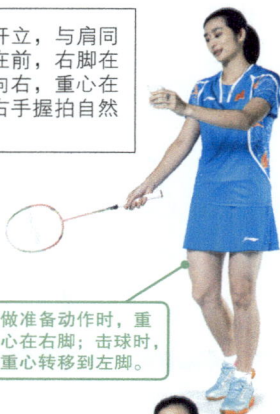

做准备动作时，重心在右脚；击球时，重心转移到左脚。

2 左手持球，置于胸前，右手自下而上引拍。身体由侧对球网方向朝正对球网方向转动，同时重心由右脚向左脚转移。

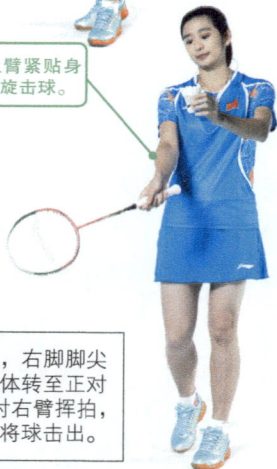

击球时，上臂紧贴身体，前臂内旋击球。

3 将球抛出，右脚脚尖辗地使身体转至正对球网，同时右臂挥拍，呈切削式将球击出。

4 握拍一侧的上臂随着身体向左转至身体前方上举。

其他角度

尽可能提高击球点，以降低球过网的弧线。

1 两脚可前后开立，也可左右开立，与肩同宽。前后开立时，可左脚在前，也可右脚在前，重心在前脚上。

2 反手握拍，前臂抬起，拍子呈倾斜状。

3 左手食指、拇指、中指轻捏羽毛球的羽毛边缘，将球置于球拍前面，手臂准备向前推拍。注意此时球的高度不要超过腰部的高度。

4 左手放球，同时右手向后短暂引拍，然后向前推拍，手指、手腕用力，球拍呈横向切削式将球击出。

其他角度

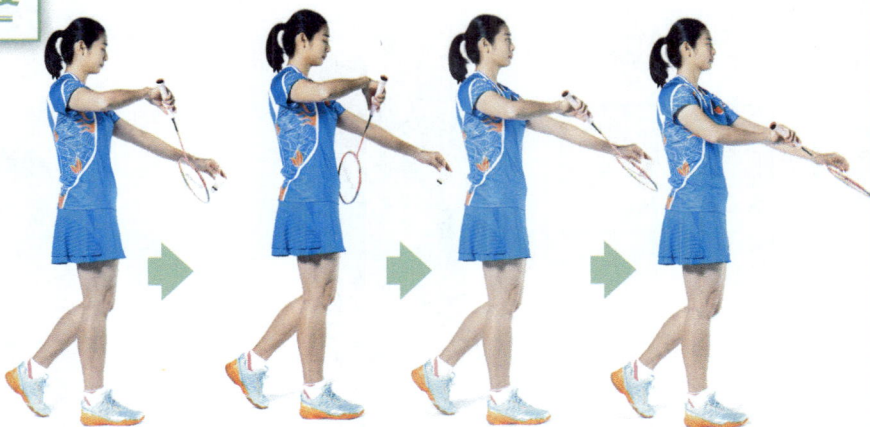

技巧提示

除了握拍方式不同，反手发网前球的发球方式和正手发网前球相像。
反手发球由于动作小、速度快、动作一致性好，对方不易判断来球的方向。反手发球在双打中使用得比较多。

▌发高远球

发高远球，即把球发得又高又远、发到对方后场的发球。球飞行至弧线的最高点时，垂直下落到对方的端线附近。高远球的距离远，弧度大，使对方的回球很难带有威胁性，可为己方创造有利条件。

◎ 正手发高远球 ▶

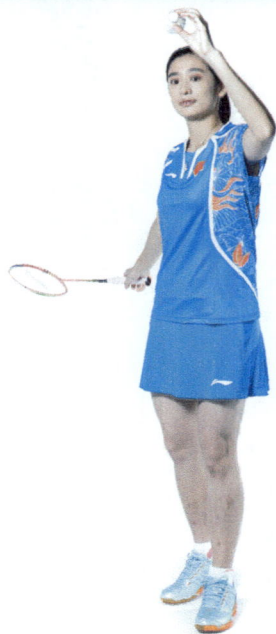

1 于中场侧身站立，两脚自然分开，与肩同宽；左脚在前，与中线平行，右脚在后，脚尖向右，重心在右脚上。

2 左手持球，抬至胸前，右手握拍，自然后举于身体右后侧，双眼注视前方。

3 左手自然将球松开，使球垂直下落，右手从后方自下而上画半弧，引拍，同时转体，重心跟随前移。

4 击球时击球点在身体右前下方，上臂带动前臂内旋，展腕、屈指发力，用正拍面将球击出。

击球后，右臂随惯性挥拍至身体左上方，身体重心随之转移到前脚。

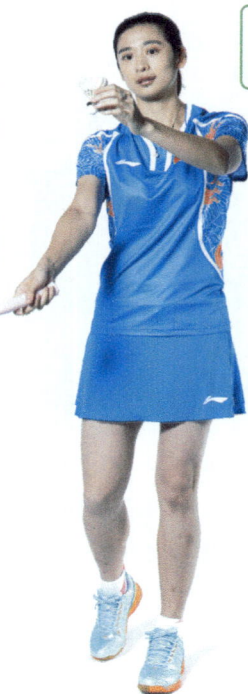

用拍子的正面击球。

击球时，注意用上臂带动前臂，展腕，利用手腕力量向前上方击球。用拍子的正面击球。

53

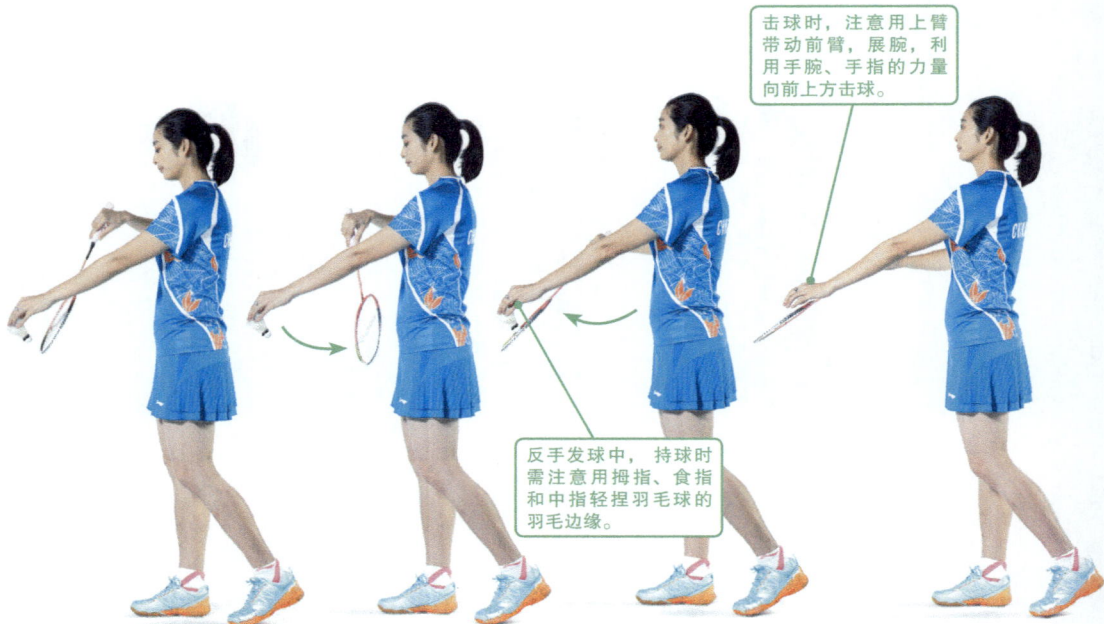

击球时，注意用上臂带动前臂，展腕，利用手腕、手指的力量向前上方击球。

反手发球中，持球时需注意用拇指、食指和中指轻捏羽毛球的羽毛边缘。

1 两脚前后开立，侧身对网，右脚在前，与中线保持平行，左脚在后，脚尖向左。重心在前脚上。

2 反手握拍，前臂抬起，拍子呈倾斜状，右手开始向后引拍，引拍时前臂外旋，向后做半弧形的回拉动作。

3 左手放球，右手上臂带动前臂转动，拇指前顶，用力将球击出。

其他角度

平高球的发球姿势、动作和高远球一样，区别在于发力方向和击球点。相比较而言，平高球飞行时的抛物线低于高远球，其仰角约为45°，球速也相对快一些。

● 反手发平高球 ▶

1 两脚前后开立，与肩同宽，右脚在前，与中线平行，左脚在后，脚尖向左，重心在右脚上。

2 左手持球，置于腹前腰部以下。反手握拍，将球拍的反面对准球托，拍头向下倾斜，拍面可稍稍上仰，双眼注视前方。

3 左手放球，同时右手以肘部为轴，前臂向后做半圆形回拉引拍。击球的瞬间，拇指前顶，小指、无名指和中指抓紧球拍，前臂迅速外旋，抖动手腕，将球击出。

其他角度

反手发平高球的姿势、动作和反手发高远球一样，区别在于发力的方向和击球点。反手发高远球，击球时以上臂带动前臂击球；反手发平高球，击球时则以前臂带动手腕击球。

注意起始姿势和正手发高远球一致，以迷惑对方。

1 侧身站立，左脚在前，与中线平行，右脚在后，脚尖向右，重心在右脚上。右手握拍，后举于身体右后侧。左手持球，置于胸前，双眼注视前方。

2 右手自下而上引拍，同时转体，重心由右脚向左脚转移。

其他角度

正手发平高球的姿势和动作，与正手发高远球一样，发力方向和击球点与反手发平高球一样。

3 右手握拍至击球点时，用前臂带动手腕，展腕，击球，拍面与地面的夹角小于45°。击球时动作幅度小于正手发高远球的动作幅度。

4 击球完毕后，右手握拍向身体左后方挥动。

其他角度

▋▋ 发平快球

发平快球时，在击球的一瞬间，手腕带有弹性，球拍面与地面的角度接近垂直，使球向对方的后场方向飞去。

◉ 正手发平快球 ▶

1
两脚前后开立，侧身对网，左脚在前，右脚在后，脚尖向右，重心在右脚上。右手握拍，向身体侧面自然伸开。左手持球，置于身体右前方。

2
准备击球时，手臂前摆，手腕外展，拍面与地面几乎垂直。同时，左手将球自然放落。

其他角度

击球时，要用前臂带动手腕。

3 击球时，用前臂带动手腕，使手腕带有弹性，用爆发力将球击出。在球不过腰的范围内，尽量提高击球点。

4 击球完毕后，顺势将拍向左后方挥动，收于左肩前方。

1 两脚前后开立，侧身对网，右脚在前，左脚在后，脚尖向左，重心在右脚上。

2 反手握拍，肘部抬起，球拍斜向下，拍头低于手腕。左手持球，置于身体左前方。球不过腰，球托斜向下，朝向拍面。

3 身体略向前倾，前臂带动手腕，迅速向前上方推送球拍击球。球拍摆动幅度应尽量小，但是要带有爆发力。

其他角度

击球动作完成后，手臂顺势从左下方向右上方挥拍，手臂伸直，与肩同高。

3 发球专项训练

▍训练（1）：网前球、高远球的发球训练

正手发网前球训练

甲：位于右前场A处，左手附近放置一筐羽毛球，分别向对方右前场B、C、D三处发正手网前球。30个为一组。

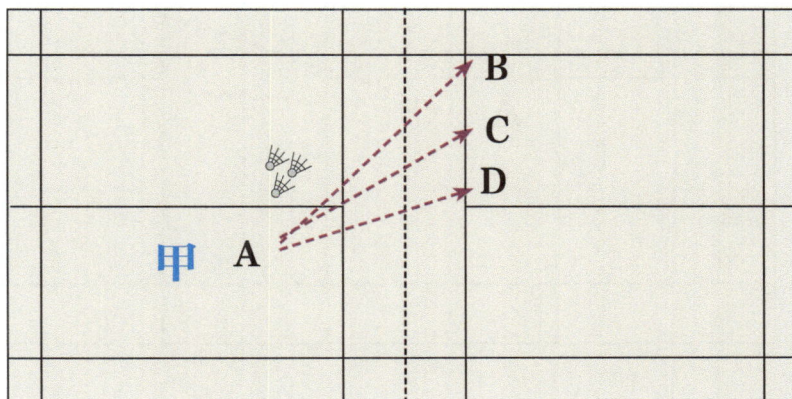

注：甲方为被训练方。红色箭头为甲方的击球方向。后同。

反手发网前球训练

甲：位于左前场A处，左手附近放置一筐羽毛球，分别向对方左前场B、C、D三处发反手网前球。30个为一组。

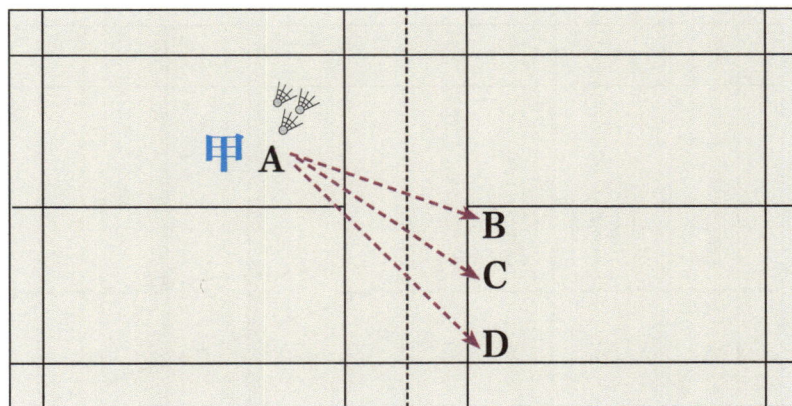

正手发高远球训练

甲：位于右半场中场A处，左手附近放置一筐羽毛球，分别向对方右后场B、C两处发正手高远球。30个为一组。

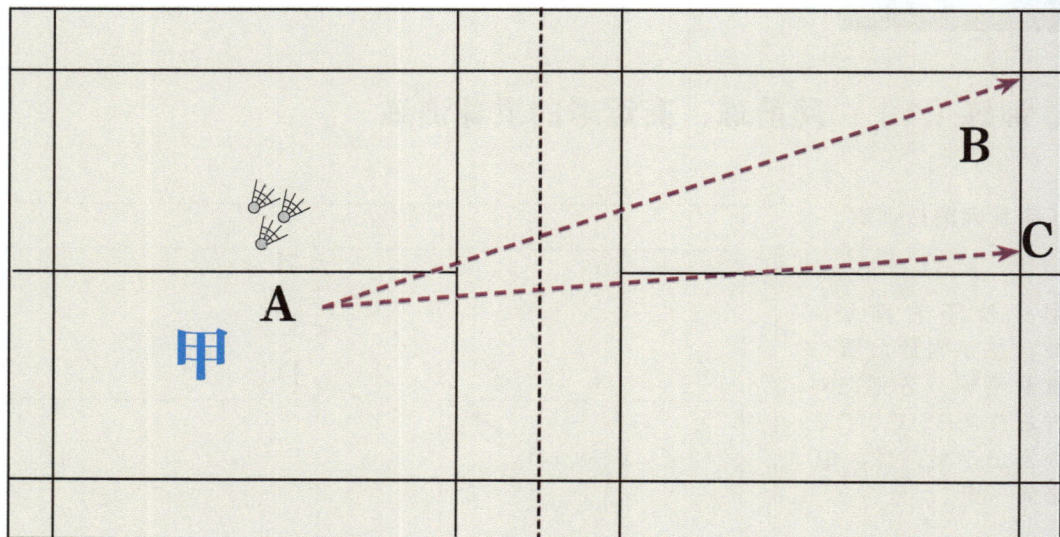

反手发高远球训练

甲：位于左半场中场A处，左手附近放置一筐羽毛球，分别向对方左后场B、C两处发反手高远球。30个为一组。

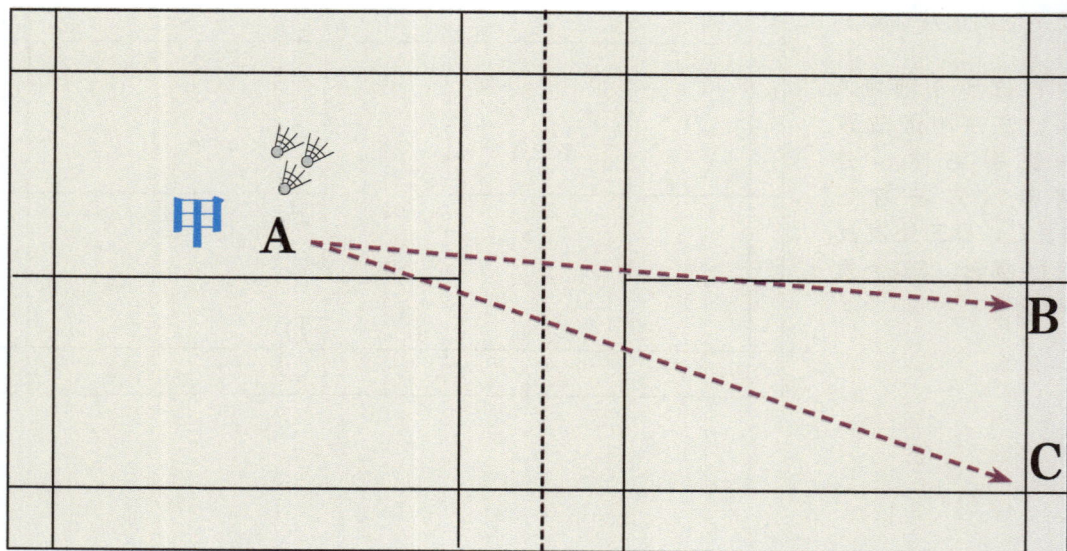

训练（2）：平高球、平快球的发球训练

反手发平高球训练

甲：位于左半场中场A处，左手附近放置一筐羽毛球，分别向对方左后场B、C两处发反手平高球。30个为一组。

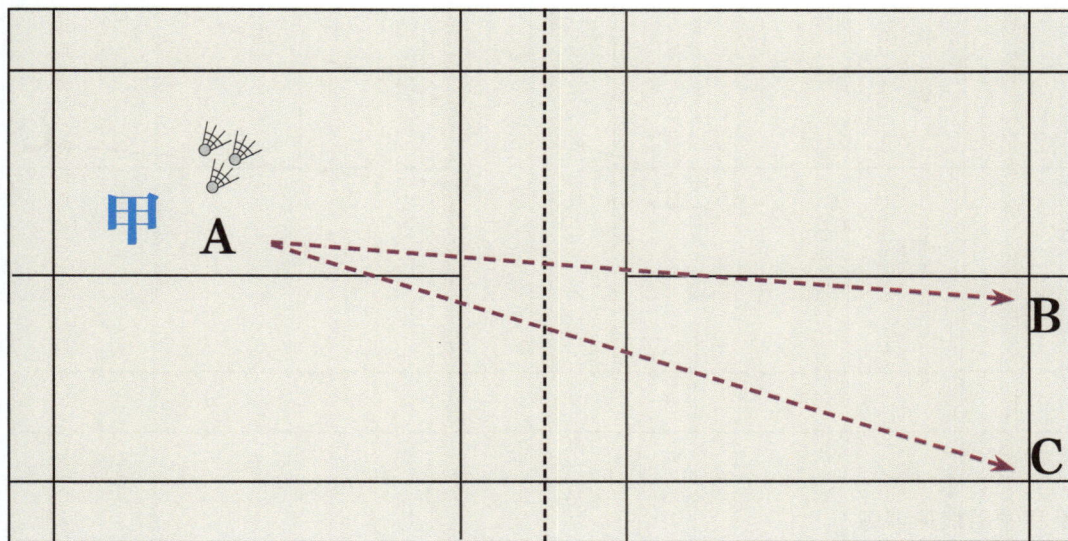

正手发平高球训练

甲：位于右半场中场A处，左手附近放置一筐羽毛球，分别向对方右后场B、C两处发正手平高球。30个为一组。

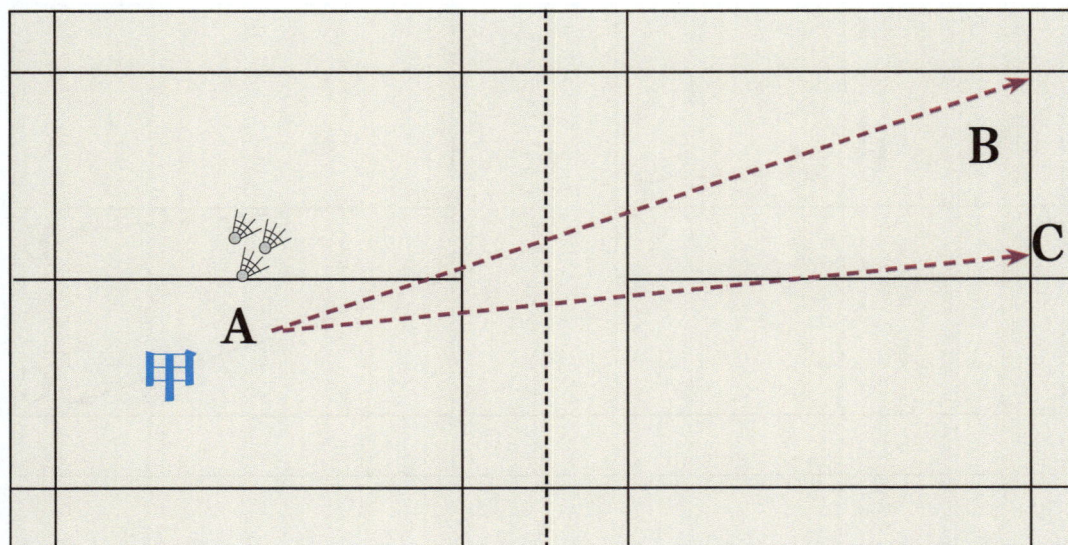

正手发平快球训练

甲：位于右半场中场A处，左手附近放置一筐羽毛球，分别向对方右后场B、C两处发正手平快球。30个为一组。

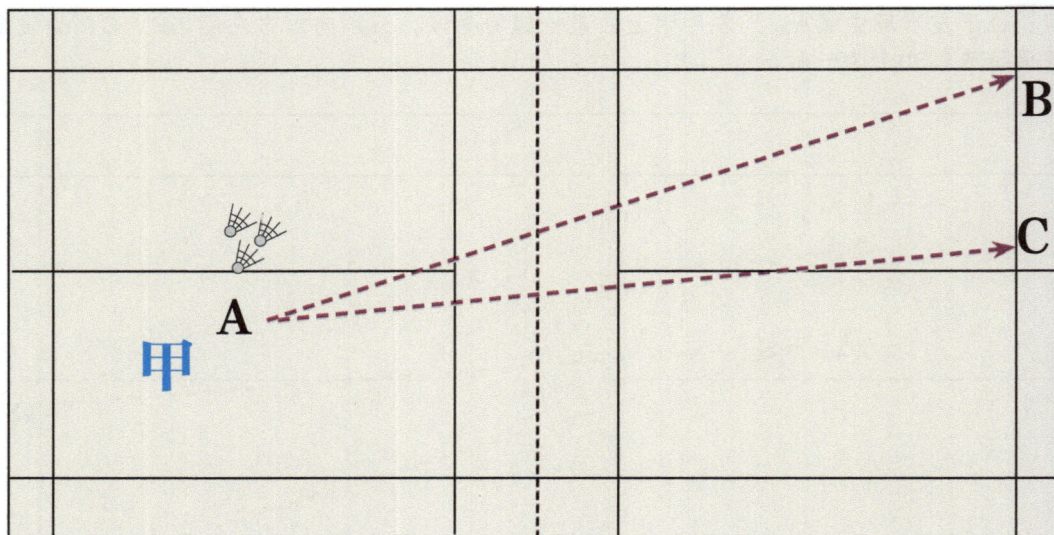

反手发平快球训练

甲：位于左半场中场A处，左手附近放置一筐羽毛球，分别向对方左后场B、C两处发反手平快球。30个为一组。

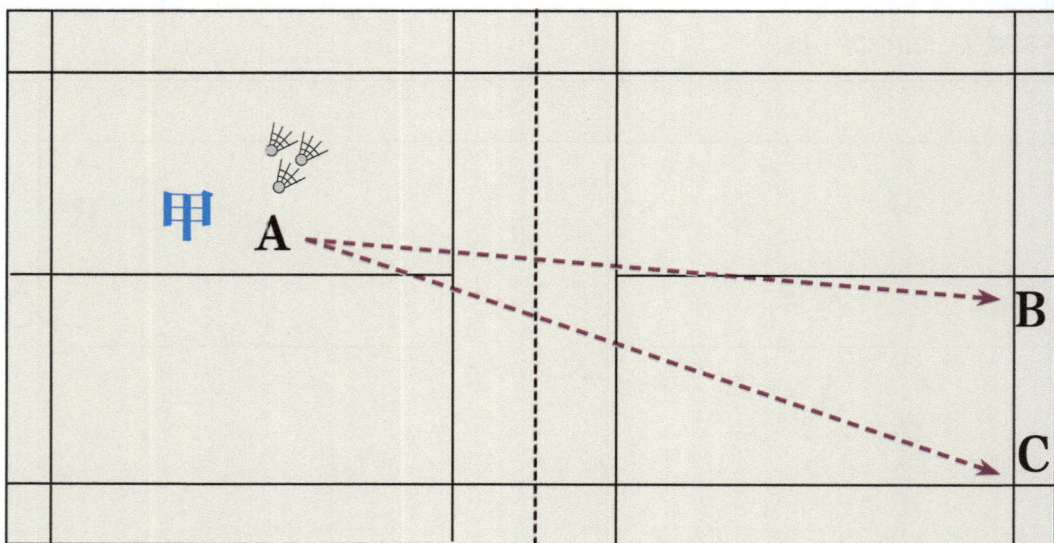

放网前球、扑球、搓球、勾球、挑球、前场
击球专项训练

前场击球技术与训练

前场球的飞行距离短，落地快；打出好的前场球，可以使
对手猝不及防，从而直接得分，或者为己方的下一步行动
创造更好的机会。因此，练就好的前场技术十分重要。

前场击球技术

放网前球

放网前球常被简称为放网，是指将对方击到己方前场、中场的球，用拍面击球托，使球向上弹起，过网就向下坠落至对方网前区域的击球技术。

◉ 正手放网前球 ▶

1 快速移动至来球方向，右手正手握拍伸向右前方，上身稍稍前倾。

2 右脚向来球方向跨一大步成弓步，同时提高身体的重心，前臂举向前上方，斜对球网伸向来球。

3 准备击球时，左臂后伸，以协调右臂，右手握拍稍稍放松，前臂外旋，展腕后再收腕，用球拍切削球托，使球掉落在对方网前。击球时尽量选择高击球点。

其他角度

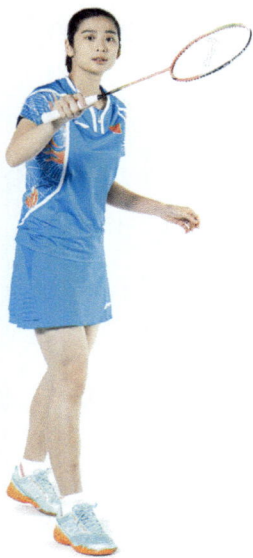  

1 快速移动至来球方向，右手反手握拍，置于身体左侧前方，上身稍稍前倾。

2 右脚向左前方的来球方向跨一大步成弓步，同时提高身体的重心，前臂举向前上方，斜对球网伸向来球，握拍手稍稍屈腕。

3 准备击球时，左手向身后自然伸展，协调动作，右手握拍稍稍收腕，用球拍切削球托，争取高点击球，使球掉落在对方网前。

其他角度

技巧提示

右手反手握拍，然后向右下方收腕，用收腕的力量将球切削出去。

▌扑球

扑球是指在应对对方发过来或回击过来的网前球时，在球刚刚越过网顶时，己方提前做出反应，迅速上网斜下扑压，将球压向对方场地的击球技术。

1 身体向右侧前倾，右手正手握拍，举于右前上方。

2 右脚向来球方向跨一大步，同时提高身体的重心，前臂举向前上方，斜对球网伸向来球。

3 击球时，前臂伸直内旋，带动手腕从右向左屈腕，将球向左下方击出。如果球距网较近，可从右向左滑动球拍切击球，以免触网。

其他角度

68

1 身体向左侧前倾，右手反手握拍，举于左前上方。

2 准备迎接来球时，身体向左前方跃起，球拍随着前臂向前伸举，手腕外展，拇指顶压在拍柄上，食指和其他三指并拢，蓄力。

3 击球时，前臂伸直外旋，并带动手腕外展，拇指顶压，挥拍扑球。如果来球太接近网顶，手腕可外展，从左向右滑切球，避免球拍触网。

其他角度

▌搓球

搓球是指用球拍搓击羽毛球球托的左下侧或右下侧，使球向右侧或左侧旋转，翻滚过网的击球技术。

◉ 正手搓球 ▶

1 身体面对球网，右脚向前迈一步，右手正手握拍。

2 右臂向右上方伸直，球拍随着前臂向右上方斜举。球拍举至最高点时，手腕稍稍内收，拍头稍稍向下，拇指、食指夹拍，其余三指轻握拍柄。左臂自然向后伸展，起到平衡作用。

3 以肘部为轴心，前臂向外旋转，先收腕再展腕，击球托的右下侧部位，将球搓出，这样搓出的球向下旋转。（或者先展腕，再收腕，以斜拍面切击球托的右后侧部位，这样搓出的球呈上旋状态翻滚过网。）

其他角度

70

1 身体侧对球网，右脚在前，左脚在后，右手反手握拍，手臂自然伸向左前方。

2 右脚上前成弓步，前臂稍往上举，手部约与网同高。左臂向后自然伸展，保持动作平衡。

3 重心向前转移，手腕前屈，拍头稍稍下沉，用反拍面迎球。掌心和拍柄之间要留有空隙，方便手指发力。

4 看准来球，前臂前伸内旋，收腕，合力搓击球托，使球侧旋翻滚过网。

其他角度

球拍和掌心之间应留有一定空隙，不要握死。食指和中指稍稍分开。在击球过程中，手腕不要太紧张，保持放松。

▌▌勾球

勾球是指将在己方右侧的网前球击到对方右侧网前，或者把己方左侧的网前球击到对方左侧网前的击球技术。

◉ 正手勾球 ▶

1 身体面对右侧球网，右脚在前，膝盖微屈，右手正手握拍，自然置于体前。

2 右脚向来球方向前跨一步，右臂前伸，前臂向上举拍，提高身体的重心。球拍斜对球网，迎接来球。

3 击球时，前臂向身体左侧内旋，手腕内收，闪腕挥拍，拨击球托右侧下部，使球沿对角方向坠落至对方网前（注意击球时拍面的变化，是由平变竖的过程）。

其他角度

1 身体侧对左侧球网，右脚在前，右膝微屈，右手反手握拍自然前举。

2 右脚前迈，身体重心前移，球拍随手臂下沉，距离网顶约 20 厘米。这一过程保持手腕、手指放松。

3 当来球过网时，肘部突然下沉，向回拉，同时前臂外旋，手腕稍屈，再闪腕，拇指内侧和中指把拍柄往右侧推送，其他手指突然握紧拍柄，拨击球托，使球沿对角线方向飞越过网。

其他角度

肘部回拉，前臂外旋，闪腕，大拇指内侧向右拨送，发力击球而不是向前发力。
球拍接触球时，与球最好保持垂直关系，如果斜切太多，球容易打远、出界。

▌▌推球

推球是指对方击至前场的来球位置较高时，将球以较快的速度和较平的弧度推击到对方的后场左右两个角落的击球技术。推球是对对方后场极具进攻性的一项技术。

◉ 正手推球 ▶

1 身体面对右侧球网，右手正手握拍，将球拍向身体右前侧自然上举。右膝微屈，重心位于两脚的前脚掌。

2 准备迎球，右脚向右前方迈出呈弓步，左手后展，右手向右前上方举拍，拍面正对来球。

3 推球时，小指和无名指稍松开，使拍面更为后仰，手腕、手指控制拍面角度。然后前臂内旋，同时手腕伸直并闪腕，将球击出，使球飞向对方后场底角。闪腕时，食指向前压，小指和无名指突然握紧拍柄。同时，可通过调整拍面来推直线或推斜线。

其他角度

1 身体侧对左侧球网，右脚在前，左脚在后，右手反手握拍，向身体左前方举起。

2 右脚上前一步准备迎球。肘关节微屈，稍稍向左胸前引拍，球拍松握，手腕外展，用反拍面迎球。

3 击球时，以肘部为轴心，前臂前伸，外旋，手腕内收伸直，闪腕击球，使球沿对角线向对方后场角落飞去。闪腕时，拇指前顶，中指、无名指和小指突然握紧拍柄。同时，可通过调整拍面来推直线或推斜线。

其他角度

挑球

挑球是指在对方击来吊球或网前球而己方又比较被动时，不得已将球挑高回击到对方后场的击球技术，属于防守型技术。

◎ 正手挑球 ▶

1 两脚开立，正对球网，右脚稍前，左脚稍后。右手正手握拍，举在胸前。

2 右脚向前跨出一大步，重心前移，同时右臂后摆，向后自然伸腕，使球拍后引。

其他角度

3

然后以肘关节为轴，前臂内旋带动手腕，运用食指和手腕的力量，将球向前上方击出。

击球时，根据来球的远近调节拍面的击球方向。如果来球距网较远较高，拍面可稍稍后仰挑球；如果来球距网较近较低，拍面要充分后仰，接近向上来击球。同时，可根据需要调整拍面击球方向，从而挑出直线高球或斜线高球。

1 正面站于左侧网前，右脚在前，左脚在后。右手正手握拍，举在胸前。

2 右脚向左前方迈出一大步，重心前移，同时正手握拍转为反手握拍，前臂下压，曲肘引拍，使球拍反面正对来球方向。

其他角度

注意：
反手握拍时，食指和拇指对握，不要一上一下握拍，同时手心和拍柄间要留有一定空隙。由下向上挥拍，挥拍动作比正手挑球要快一些。

3 以肘关节为轴，经体前由下往上挥拍，拇指前顶，展腕，将球向前上方击出。同时可通过调整拍面来挑出直线或挑出斜线。

2 前场击球专项训练

▌训练（1）：双人放网前球训练

正手放网前球训练

乙：采用多球练习。不断将
球发向A处，球的落点不要
太高，使甲进行正手放网前
球的练习。

甲：位于右前场A处，向对
方前场的两个角落放出正手
网前球。

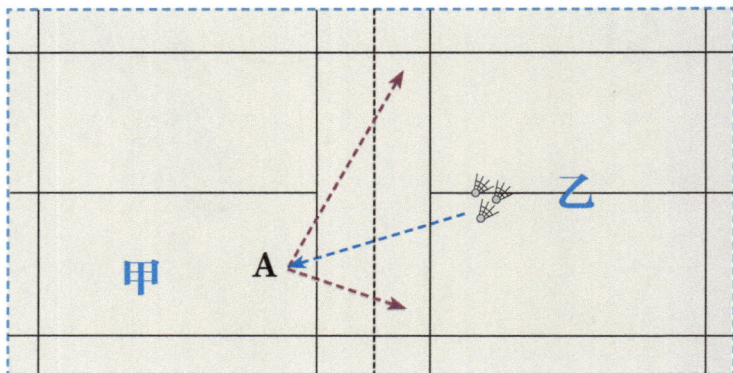

注：甲方为被训练方，乙方配合甲方训练。红色箭头为甲方的
击球方向，蓝色箭头为乙方的发球方向。后同。

反手放网前球训练

乙：采用多球练习。不断将
球发向A处，球的落点不要
太高，使甲进行反手放网前
球的练习。

甲：位于左前场A处，向对
方前场的两个角落放出反手
网前球。

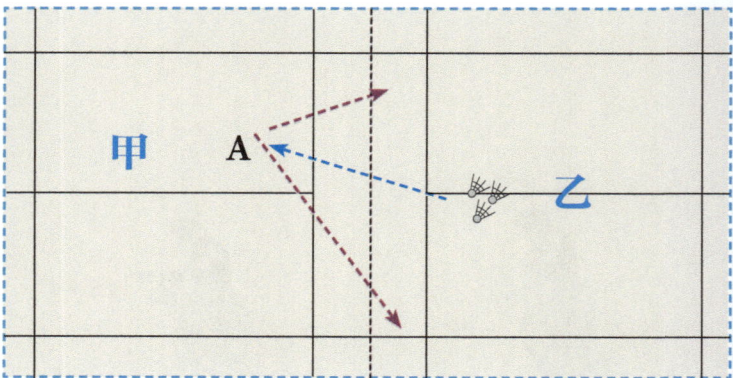

注：也可以两人互放网前球进行练习，其中一人练习正手，另一人练习反手。一组训练结束
后，两人交换正反手继续练习。

训练（2）：双人扑球训练

正手扑球训练

乙：采用多球练习。不断将球发向A处，球的线路为由下向上过网，配合甲进行正手扑球的练习。

甲：位于右前场网前A处，向对方前场网前回击正手扑球。

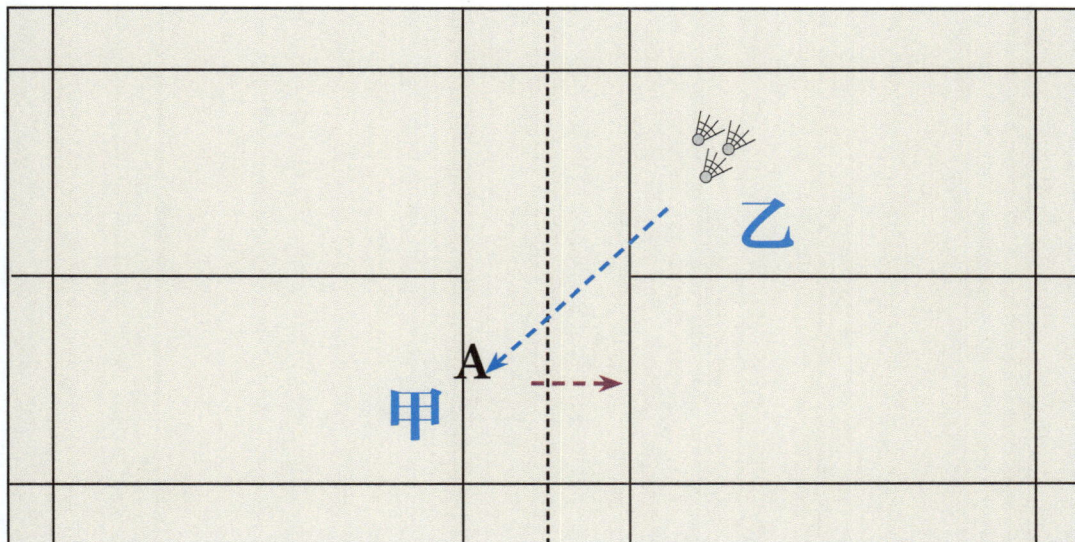

反手扑球训练

乙：采用多球练习。不断将球发向A处，球的线路为由下向上过网，配合甲进行反手扑球的练习。

甲：位于左前场网前A处，向对方前场网前回击反手扑球。

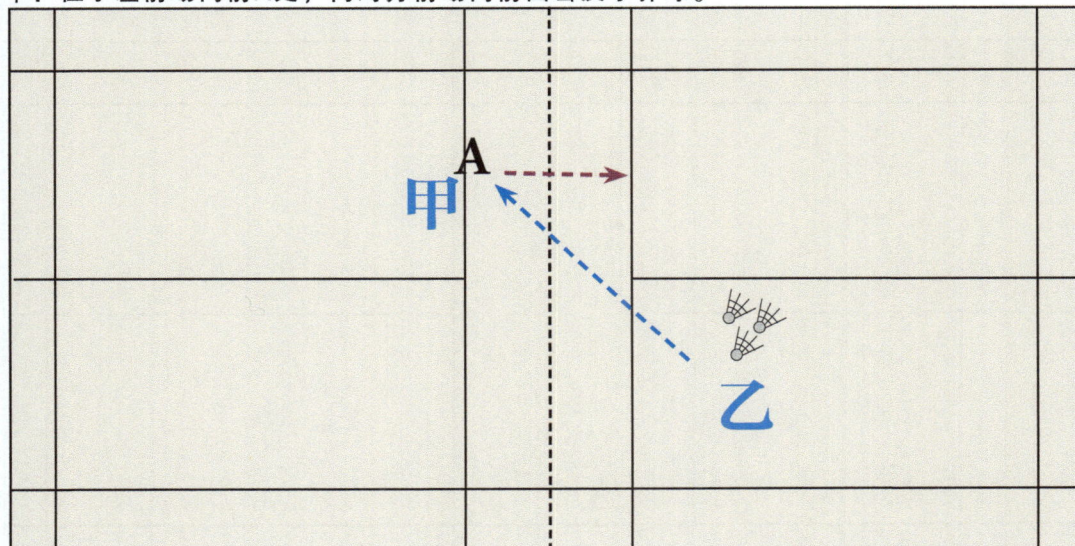

训练（3）：双人搓球训练

两人互相进行搓球训练

两人互搓网前球进行练习，其中一人练习正手，另一人练习反手。一组训练结束后，两人交换正反手继续练习。

注：也可以采用多球练习，乙直接将球发向A处，配合甲进行搓球练习。

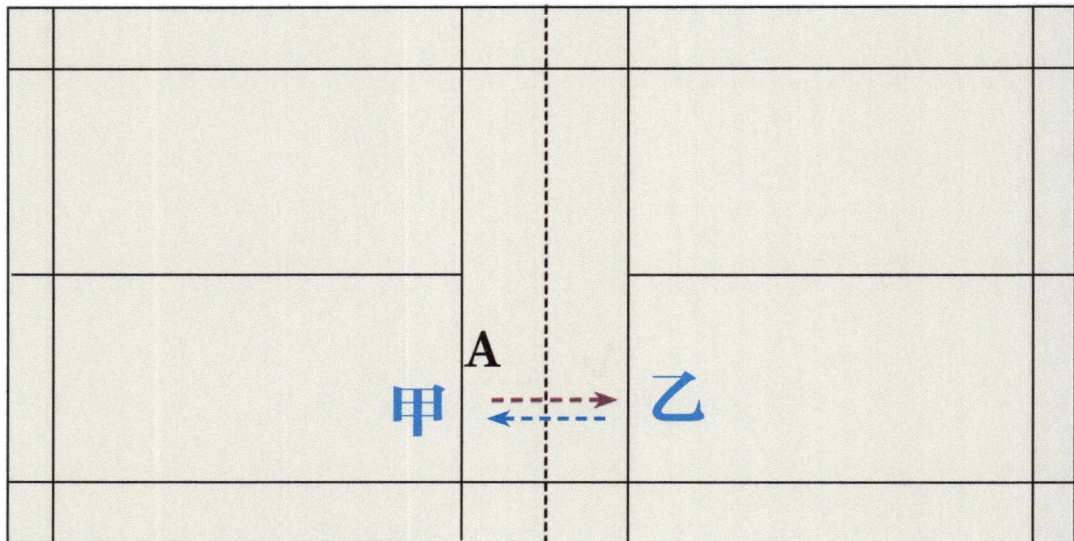

训练（4）：双人勾球训练

正手勾球训练

乙：采用多球练习。不断将球发向A处，使甲在基本不移动的情况下进行正手勾球的练习。

甲：位于右前场网前A处，向对方右前场网前回击正手勾球。

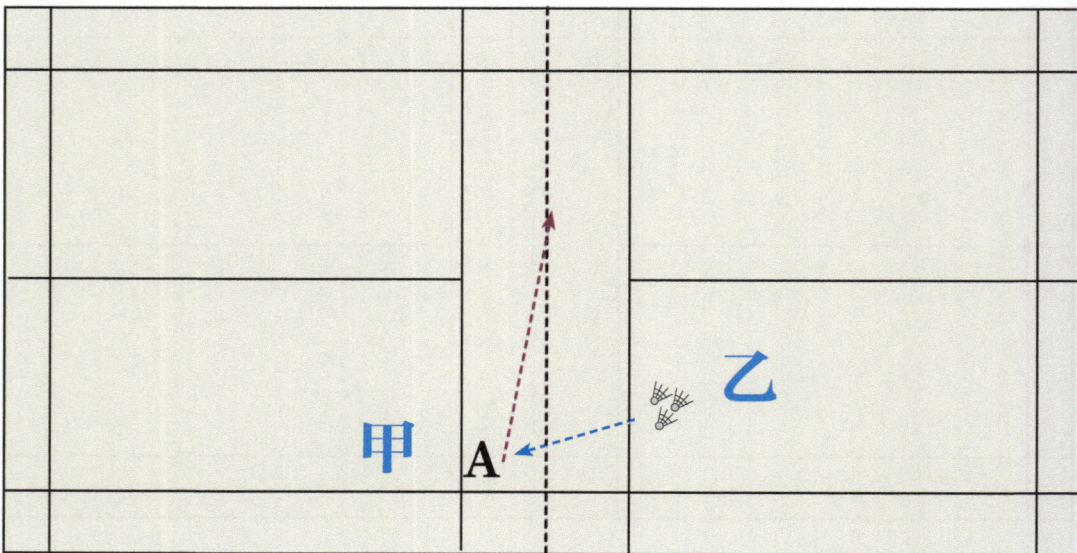

反手勾球训练

乙：采用多球练习。不断将球发向A处，使甲在基本不移动的情况下进行反手勾球的练习。

甲：位于左前场网前A处，向对方左前场网前回击反手勾球。

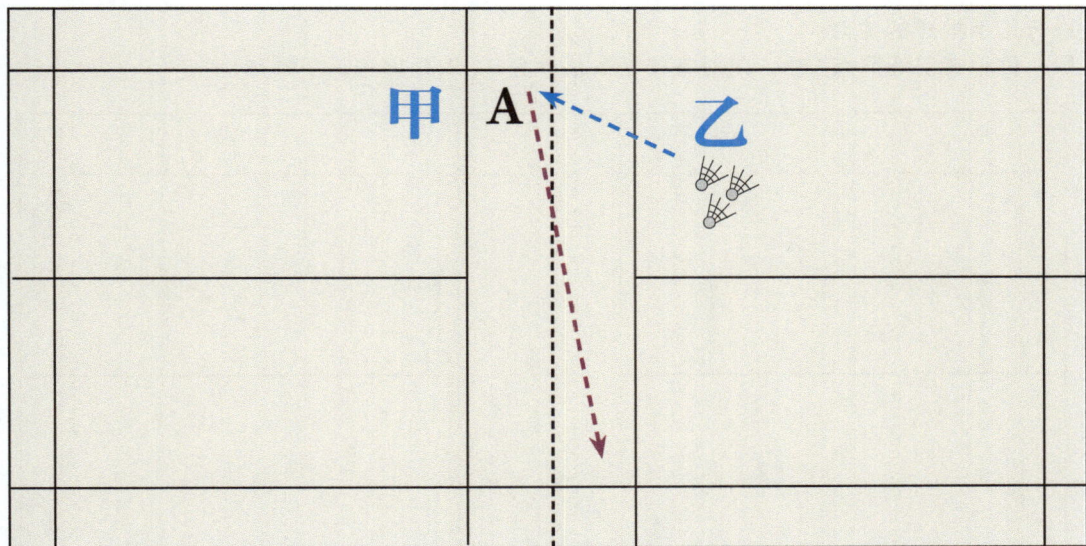

双人互相进行勾球训练

甲、乙两人分别位于前场的两个角落，互相练习勾球，一人正手、一人反手交替进行。

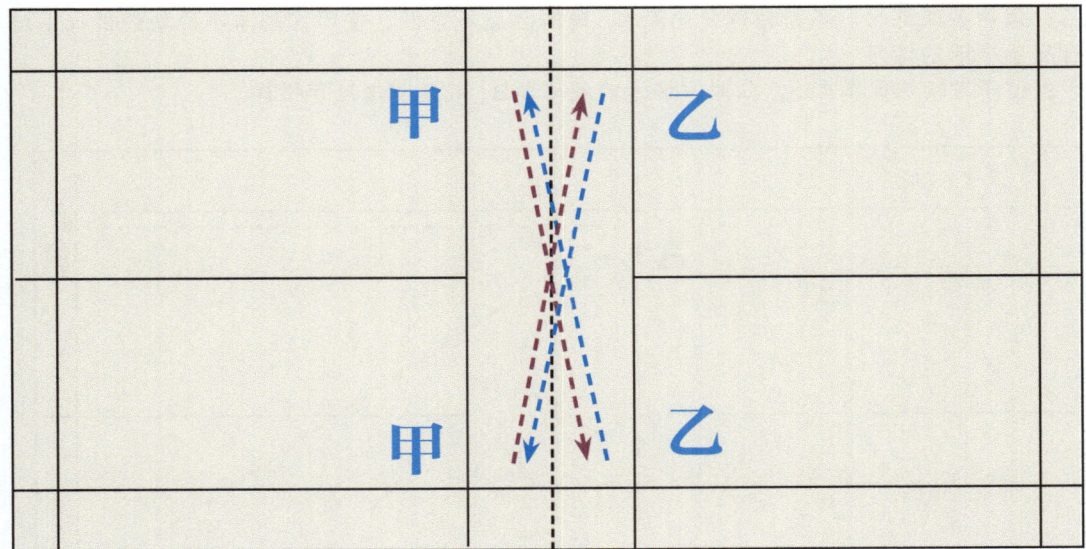

训练（5）：双人推球训练

正手推球训练

乙：采用多球练习。不断将球发向A处，球的落点不宜低，使甲在基本不移动的情况下进行正手推球的练习。

甲：位于右前场网前A处，向对方场地底线两角B、C处回击正手推球。

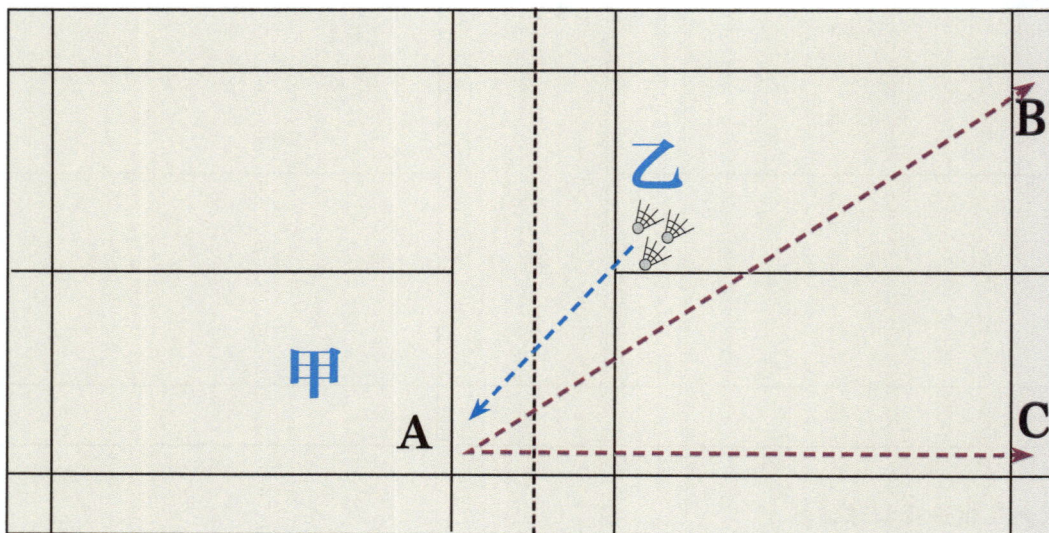

反手推球训练

乙：采用多球练习。不断将球发向A处，球的落点不宜低，使甲在基本不移动的情况下进行反手推球的练习。

甲：位于左前场网前A处，向对方场地底线两角B、C处回击反手推球。

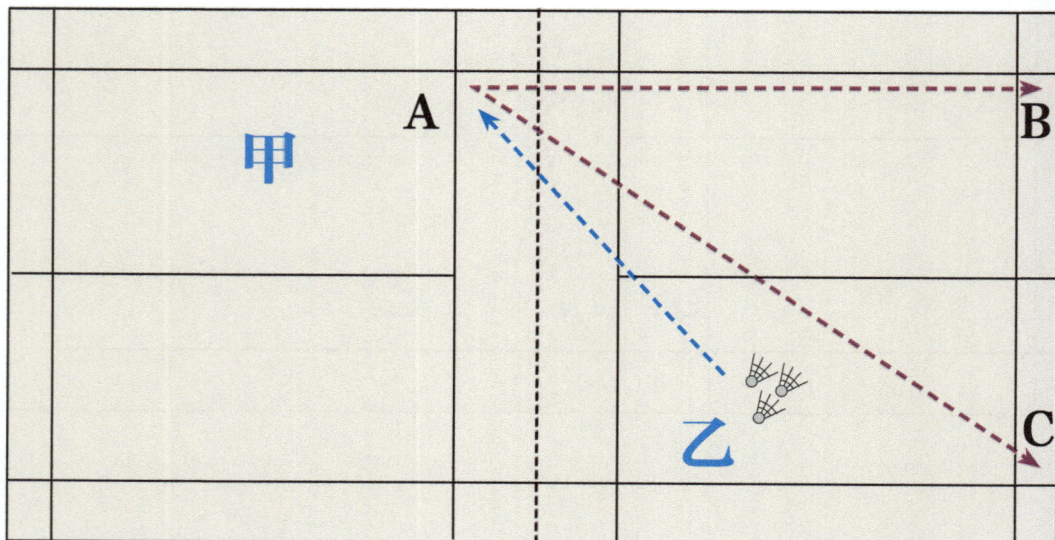

训练（6）：双人挑球训练

正手挑球训练

乙：采用多球练习。不断将球发向A处，球的落点不宜高，使甲在基本不移动的情况下进行正手挑球的练习。

甲：位于右前场网前A处，向对方场地底线两角B、C处回击正手挑球。

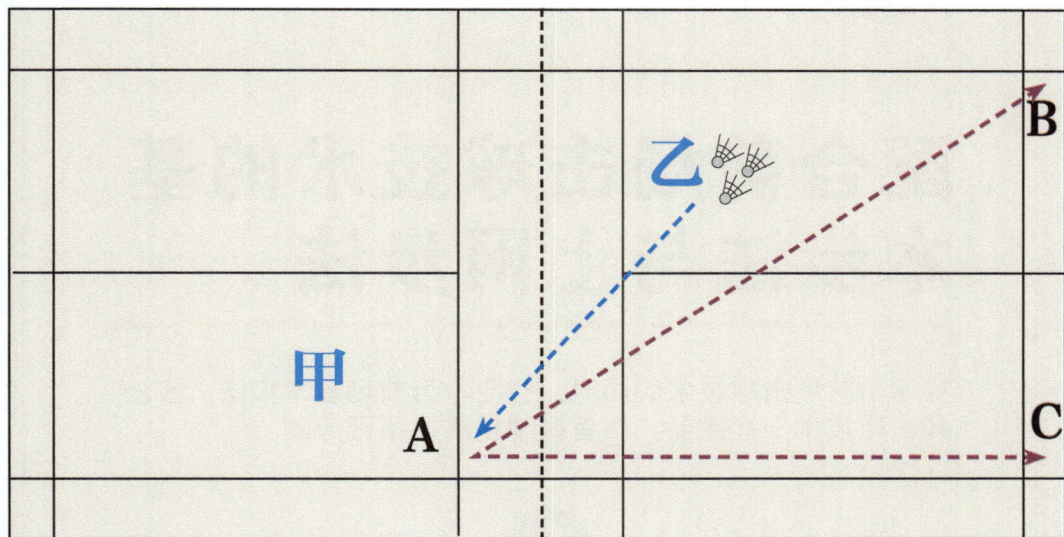

反手挑球训练

乙：采用多球练习。不断将球发向A处，球的落点不宜高，使甲在基本不移动的情况下进行反手挑球的练习。

甲：位于左前场网前A处，向对方场地底线两角B、C处回击反手挑球。

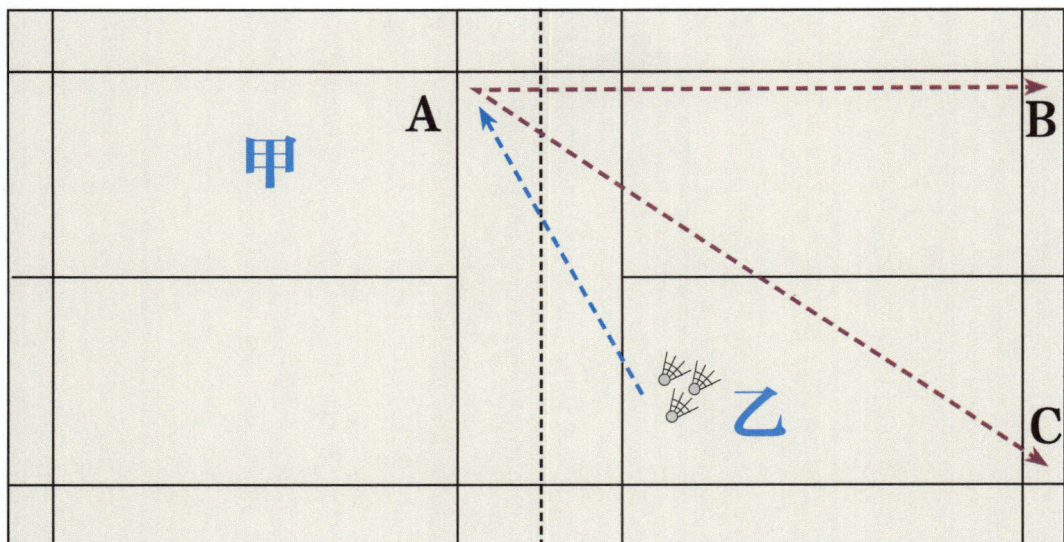

配合前场击球技术的基本步法与上网步法

在学习前场击球技术的同时，也要学习前场基本步法。步法和击球技术一样重要，两者相辅相成，不可分割。

步法的重要性及基本要点

▌重要性

步法是羽毛球运动中一项重要的基本技术，更被称为"羽毛球运动的灵魂"，与手法相互配合，不可或缺。有了好的步法，手法技术才能得到更好的发挥，在球场上才能表现得更出色！本章的所有步法均配合右手握拍讲解。

▌基本要点

启动时脚跟虚提

准备启动时，脚跟虚提，使身体保持轻微的弹性，更加灵活，这样启动时出脚才迅速。

启动时双腿发力蹬地

启动时双脚蹬地，腿部发力。如果是向后场移动，转体时需要转髋的力量来配合。蹬地移动的速度要快。

移动时转身

在场地上移动时，要注意转身，避免身体平移。无论是向前场还是后场移动，都要侧身移动，这样更有灵活性。

击球后回动

每次击球后，都要利用身体的惯性和协调性回动，方便下一次启动。

2 基本步法

▌垫步

◉ 向前垫步 ▶

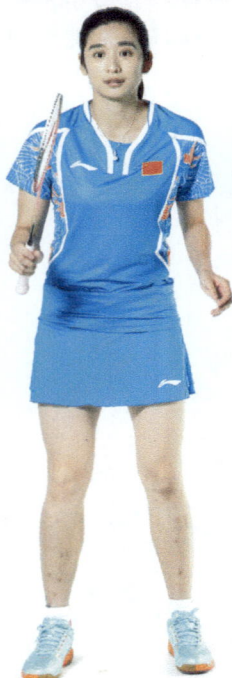

1 两脚开立准备。

2 右脚迈向右前方。

3 左脚跟上（脚尖着地）。右脚接着迈向右前方，左脚脚尖着地，为下一个并步做准备。

其他角度

特点和实用性：步幅小，变换灵活，一般用于调整步距、重心和运动方向。

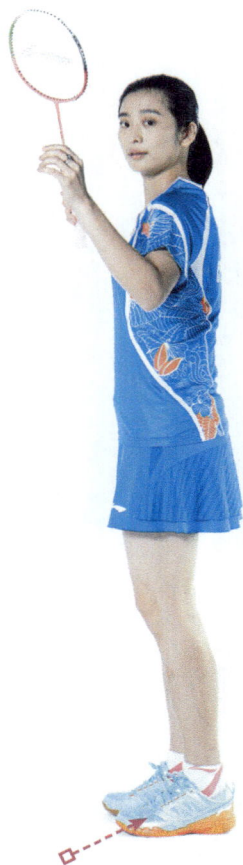

1
两脚开立准备。

2
以左脚为轴心，脚尖点地，向右转体，同时右脚向后方迈出一步。

3
左脚跟随并到右脚旁边。

其他角度

特点和实用性：
无论是进攻还是防守，都可用垫步调整身体的重心，还可调整步距，进攻时可协助进攻。

▍并步

◉ 左右并步 ▶

1
两脚开立准备，在重心右移的同时，右脚向右迈一步。

2
左脚跟随右脚向右迈，和右脚并在一起。

其他角度

特点和实用性：移动简便，难度小，常用在上网和接杀球的过程中。

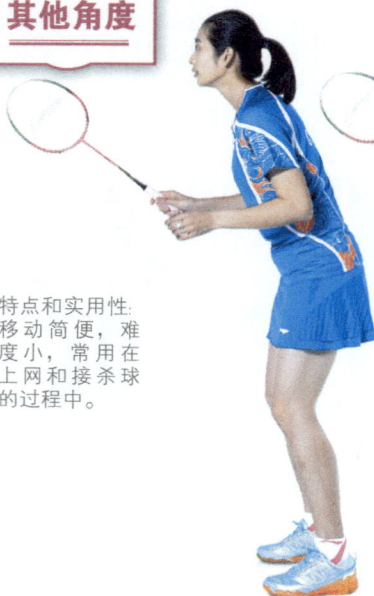

3 右脚继续向右迈，左脚继续跟上，进行连续并步。

◉ 前后并步

1 两脚开立准备。

2 重心后移的同时向右转体，右脚向后方迈出一步。

3 左脚向右迈，和右脚并在一起。

4 右脚继续向右迈，左脚继续跟上，进行连续并步。

其他角度

特点和实用性
移动简单，难度小，常用在上网和接杀球的过程中。

交叉步

◉ 向前交叉步 ▶

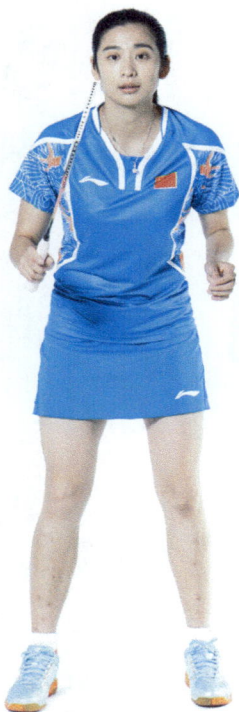

1 两脚开立准备。

2 重心前移的同时左脚向前迈出一步（右脚脚尖着地）。

3 左脚踏实后，右脚也向前迈出一大步。

其他角度

特点和实用性：
步幅大，在移动过程中身体重心较稳定。

1
两脚开立准备。

2
在重心后移的同时，向右转体，右脚向后方迈出一步。

3
左脚通过右脚后方，向右迈出一步。

4
右脚撤回左脚的右侧。

其他角度

特点和实用性：
向后交叉步在打后场球后退时使用频率很高。

▌蹬转步 ▶

1 两脚开立准备。

2 双膝下沉，左脚蹬地发力，在跳起的同时向右转体转髋。

3 落下时已完成转体转髋，右脚先落地，左脚后落地或不落地；右脚落地后蹬地发力，配合后场技术完成击球。

其他角度

特点和实用性：
蹬转步步伐迅速，
转体敏捷，在后场
球中十分实用。

▌蹬跨步 ▶

1 两脚开立准备。

2 左脚蹬地发力，右脚向前迈出一大步。

3 左脚跟随，在地面上做拖曳动作，以缓冲跨步的冲力。

其他角度

特点和实用性：
跨度大，速度快，
常在上网击球时使
用，在后场底线两
角抽球时也常用。

▋腾跳步 ▶

1 两脚开立准备。

2 侧身对网，双腿屈膝。

3 蹬地发力，身体腾空，动作迅速、突然，充分利用腿、脚蹬跳的力量。

其他角度

特点和实用性：
动作快，提高了身体重心，降低了击球点，在进行杀球或扑球时十分有效。

基本步法组合——米字步

米字步，即步法的轨迹像"米"字一样，如下图所示，以红点为圆心，分别向8条红线的方向迈步击球。它包括多种基本步法，如并步、垫步、交叉步等，原则上多用垫步，在移动较远距离时，可用交叉步。在移动方向上，可分为左右移位、左前移位、右前移位、左后移位、右后移位。其中向前移动用向前的垫步，向后移动用向后的交叉步，就不再多介绍。

◉ 向右移位 ▶

米字步的左右移位，在双打中常用于补位，在单打中常用于配合击打中场左右两侧的来球。右脚右移一步，左脚右移与右脚并在一起，然后右脚再向右跨一步。也可以用向右的交叉步。

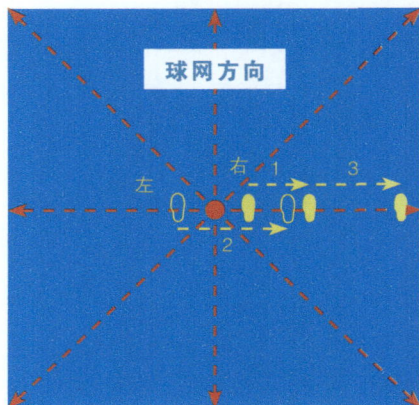

1 两脚开立准备。

球网方向

左 右 1 3

2

2 右脚右移一步，左脚跟随，和右脚并在一起。

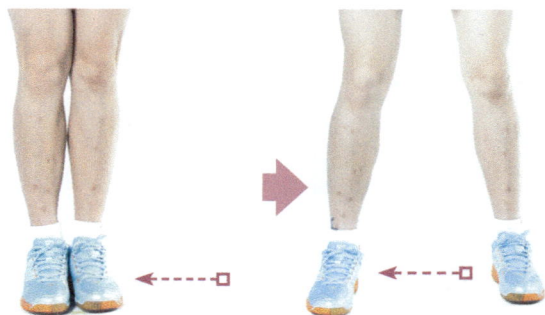

3 在左脚和右脚并在一起的同时，右脚再向右跨出一大步。

98

◉ 向左移位 ▶

向左移位，配合反手击球进行。先向左转身，同时右脚向左迈一步，背对球网；击球完毕后再转回身，右脚跟着退回原地。左脚配合右脚做方向的转变。

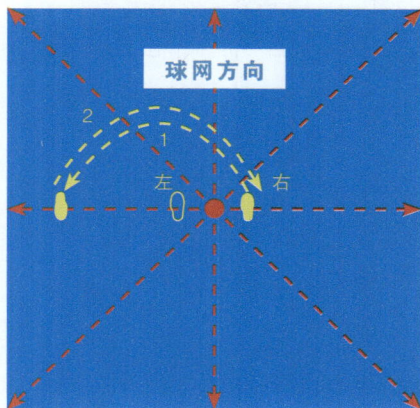

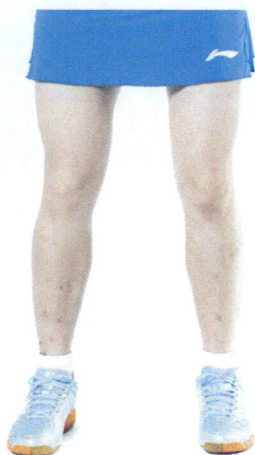

球网方向

1 两脚开立准备。

2 先向左转体，同时右脚向左跨出一大步，左脚随着转体也改变方向。

3 （击球后）右脚蹬地转回，恢复初始姿势。

99

向左前方移位，先跨出右脚，左脚做垫步或交
叉步，右脚再向左前方跨出一步。

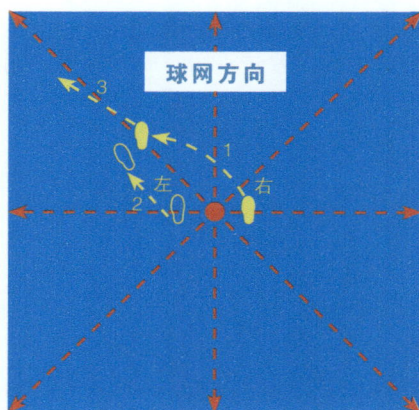

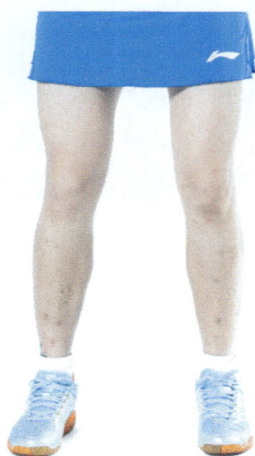

球网方向

1 两脚开立准备。

2 右脚向左前方迈一步。

3 左脚跟随并向右脚做垫步或交叉
步。在左脚着地的同时，右脚再向
左前方跨出一大步。

向右前方移位，右脚先向右前方迈一步，左脚跟着做垫步或交叉步，然后右脚再向右前方跨一步。

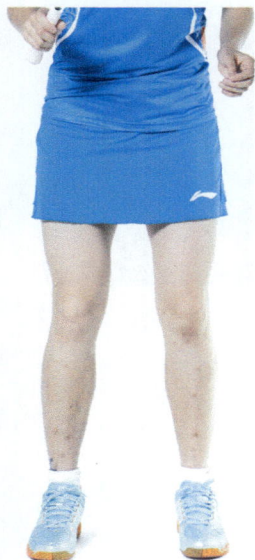

1 两脚开立准备。

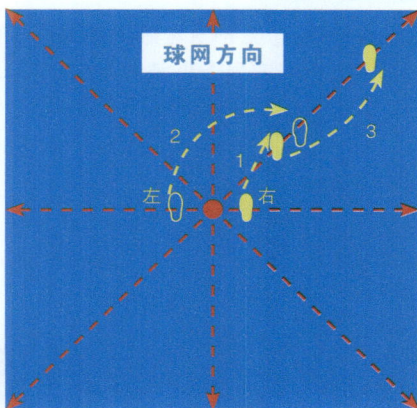

球网方向

2 向右转身，跨出右脚。左脚并向右脚做垫步或交叉步。

3 在左脚着地的同时，右脚再向右前方跨出一大步。

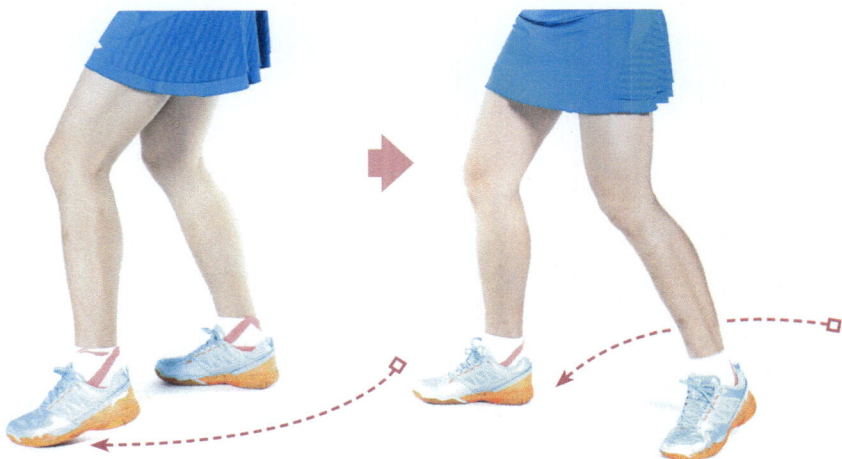

向右后方移位，要先向右后方转身，跨出右脚，然后左脚向右后方做垫步或交叉步；右脚再向右后方迈一步，将身体移动到后场位置。

球网方向

左　右

2 右脚向右后方迈一步。

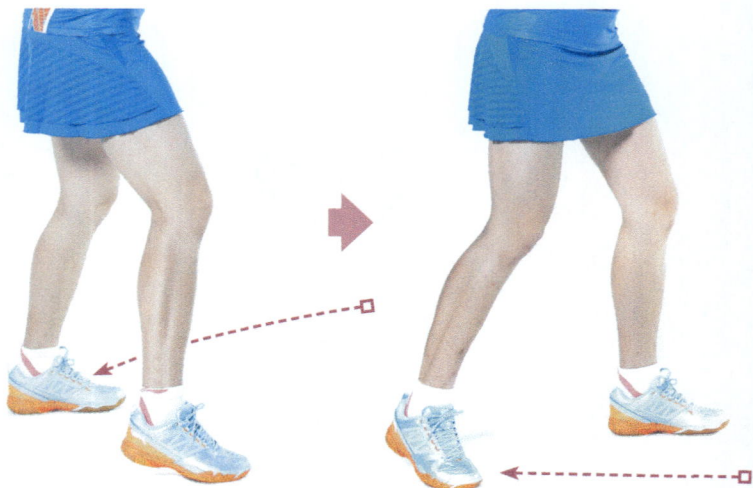

1 两脚开立准备。

3 左脚跟随向右后方做垫步或交叉步。在左脚着地的同时，右脚再向右后方跨出一大步。

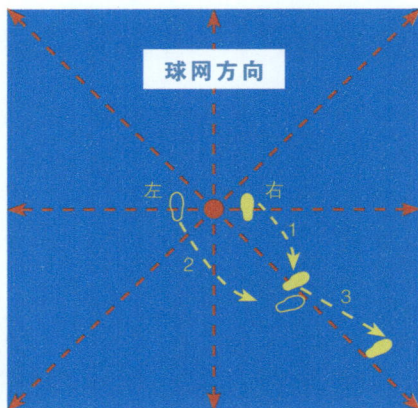

◉ 左后移位 ▶

向左后方移位，先向右转体，然后右脚向左后方跨出一步，左脚跟着做垫步或交叉步，然后右脚再向左后方跨出一大步。

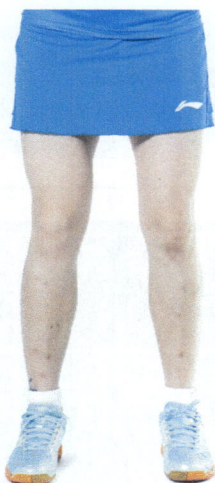

1 两脚开立准备。

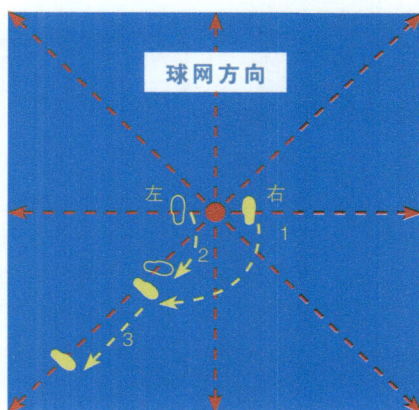

球网方向

左 右

2 先向右转身，右脚后迈一步。

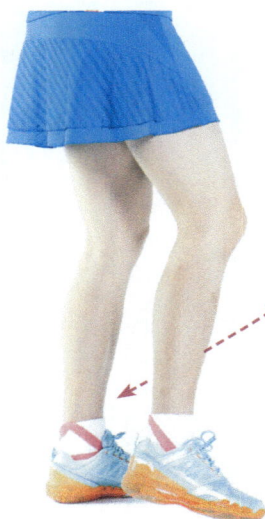

3 左脚跟上做垫步或交叉步，在左脚着地的同时，右脚再向左后方跨出一大步。

上网步法

▌正手上网步法

上网步法，也就是配合前场击球使用的步法。上网步法整体上要注意以下三点：1.向前的冲力不要太大，否则身体会失去平衡；2.到达击球位置时，前脚脚尖应朝着边线方向，这有利于借冲力向前滑步；3.击球后迅速退回中心起始位置，可采用跨步、垫步、交叉步等。

◉ 正手蹬跨步上网法 ▶

一般在来球距离较近时使用。使用一步，也就是蹬跨步上网。

1
两脚开立准备。屈膝下蹲，将重心放低，右手正手握拍举起。

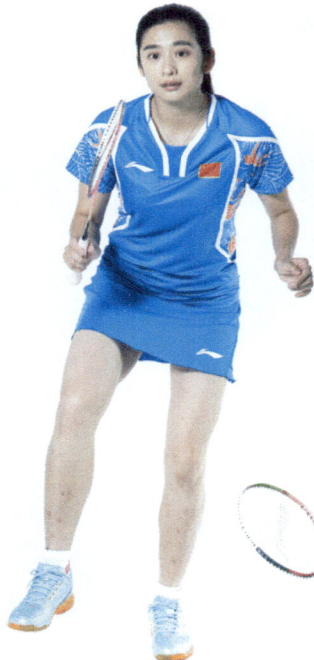

2
判断来球后，双脚前脚掌触地启动，左脚蹬地。

3
右脚借力向右前方迈出一大步，左脚稍稍跟进，脚尖拖地，以缓冲身体向右前方的冲力。

1 两脚开立准备。屈膝下蹲，将重心放低，右手正手握拍举起。

2 双脚迅速蹬地发力，左脚向身体右前方来球方向迈出一步。

3 右脚再向来球方向跨出一大步，脚掌外展，脚跟着地，稳住重心。

其他角度

手法的配合：手伸向来球的时候，左手在身后自然伸展开，以平衡身体。
左脚蹬地要用力。右脚着地时，脚掌外展，脚跟先着地。

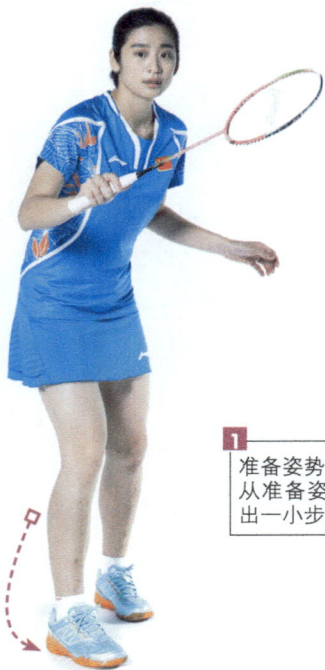

1 准备姿势与正手交叉步上网相同，图片略去。从准备姿势开始，启动后右脚先向右前方迈出一小步。

技巧提示

手法的配合：右手伸向来球的时候，左手在身后自然伸展开，以平衡身体。左脚蹬地要用力。右脚着地时，脚掌外展，脚跟先着地。

2 左脚跟上做一个前交叉步。

3 右脚再向右前方跨出一大步，左脚脚尖内侧拖地。

反手上网步法

◉ 反手蹬跨步上网法 ▶

配合反手击球的步法，先向左转身，然后向左前场做蹬跨步上网。在来球距离较近时使用。

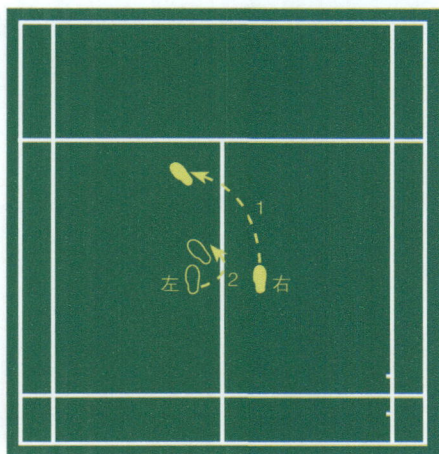

1 两脚开立准备。屈膝下蹲，将重心放低，右手正手握拍举起。启动后左脚蹬地，身体左转，右肩对网。同时，由正手握拍转为反手握拍。

2 右脚向前跨一大步，左脚脚尖内侧拖行。

技巧提示

左脚蹬地发力，转髋转体。
右脚着地时，脚跟先着地。

107

1 两脚开立准备。身体下蹲，将重心放低，右手正手握拍举起。

2 左脚先向左前方迈第一步，着地时直接蹬地。同时，由正手握拍转为反手握拍。

3 右脚做交叉步，向左前方迈一大步，左脚脚尖拖地以辅助支撑。

其他角度

手法的配合：转体后，正手握拍转为反手握拍。
左脚蹬地要用力。右脚着地时，脚跟先着地，左脚脚尖拖行。

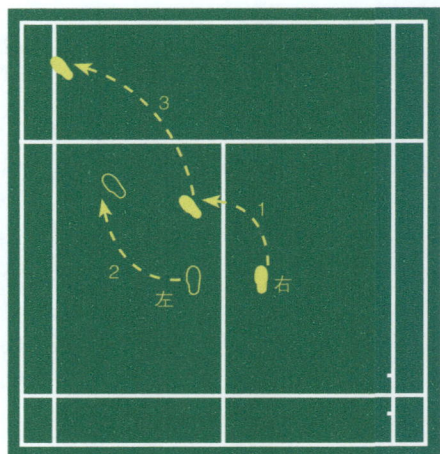

2 启动后向左转体，右脚向左前方迈一步，右肩对网。同时，由正手握拍转为反手握拍。

1 两脚开立准备。身体下蹲，将重心放低，右手正手握拍举起。

3 左脚紧跟着做一个交叉步，在落地的同时蹬地发力。

4 右脚再向左前方迈一大步，左脚脚尖稍稍拖地前行。

中场击球技术与训练

中场击球技术，主要用于接对方的杀球，基本技术有挡网前球、抽球等。学习接杀球时，速度要快，手腕要灵活。

第7章

1 挡直线网前球

▌正手挡直线网前球 ▶

1. 接球前，用接杀球的步法移至中线右侧。

2. 身体右倾，手臂右伸，前臂外旋，手腕外展。右脚向右成弓步，将重心转移至右脚，同时右手向后引拍。

3. 击球时，拍面近于垂直地面，对准对方左前场，前臂内旋，带动手腕外展，将球拍由右下方推向前上方，呈直线将球平挡过网。击球后身体左转，同时收拍至体前。

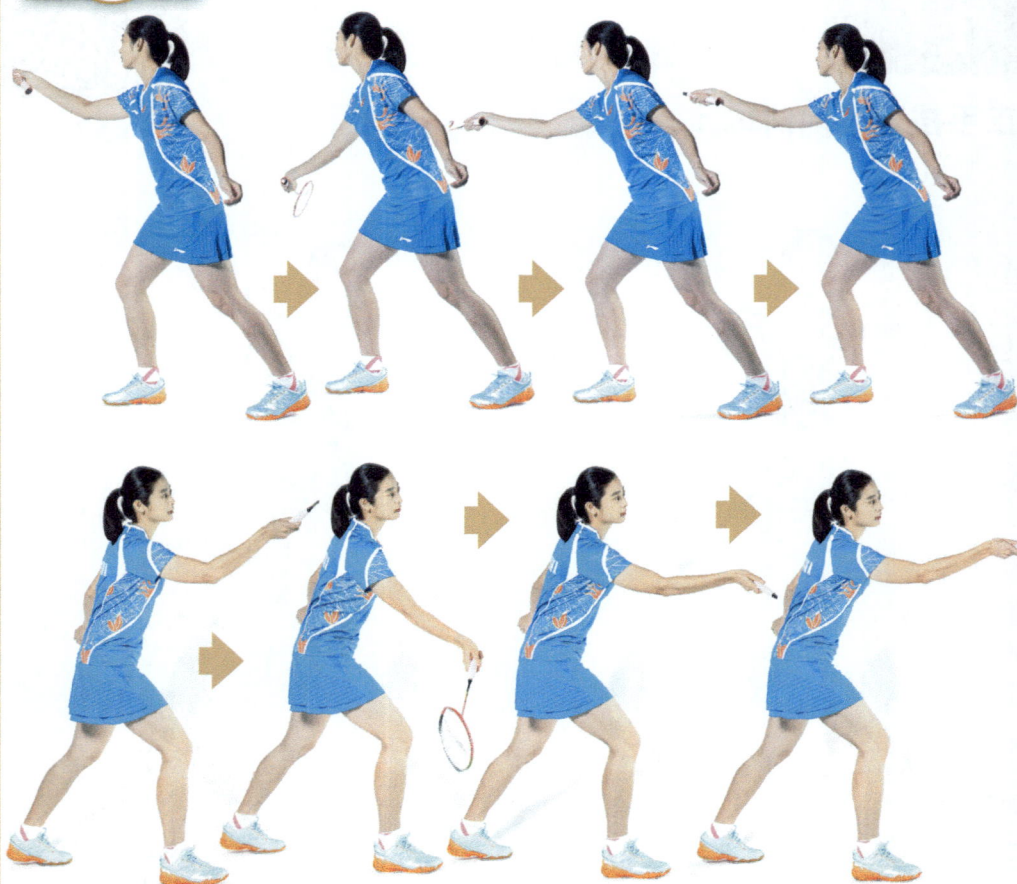

技巧提示

可以在击球时前臂由外旋到内收，带动球拍由右向前切送挡直线网前球。击球后，右脚蹬地回到场中位置，同时身体左转成正面对网，球拍随身体向左转收至体前。

反手挡直线网前球 ▶

1 同正手挡直线网前球一样，也多用于接杀球。接球前，用接杀球的步法移至左场边线。

2 身体左转前倾，右肩对网，右肘弯曲，手腕外展，引拍至左肩前上方。

3 在右脚落地的同时，前臂带动手腕，由左前方向网前挥拍，拍面与网面平行、与地面垂直，呈直线将球平挡过网。

技巧提示

击球后，身体右转成正面对网，球拍随着身体的移动收至体前。

2 挡斜线网前球

正手挡斜线网前球 ▶

1
同正手挡直线网前球动作一样，当对方杀球时，左脚迅速蹬地，转髋，向右转体，右脚向右迈步成弓步，将重心转移至右脚。

2
在重心转移至右脚的同时，右手向后引拍。

3
击球时，拍面对准对方的右前场，手腕内旋击球。击球后身体左转，同时收拍至体前。

技巧提示

击球时，前臂内旋，带动手腕收回，稍稍推球，将球击回。

反手挡斜线网前球 ▶

1 准备迎球，右脚向左侧快速蹬地转髋，同时快速向左后方引拍。

2 在右脚落地的同时，前臂带动手腕，由左前方向网前挥拍，拍面与地面垂直，与网面的夹角小于 90°，将球击回对方的左前场。

其他角度

技巧提示

挥拍前，手腕和肘关节保持放松。挥拍时，手臂向后牵引，用手腕和手指的力量击球。

3 抽球

▌正手抽球 ▶

1 在右场区中部，两脚平行开立，稍宽于肩，重心在两脚间，微屈膝收腹，右手正手握拍举于右肩前。

2 迎球时，左脚蹬地、转髋，右脚向右跨一大步，同时肘关节侧摆，前臂稍外旋，手腕外展向身后引拍。

其他角度

 ➡  ➡

3 击球时上臂抬起，前臂内旋，手腕伸直后闪腕，手指抓紧拍柄，球拍由右后方向右前方高速平扫，抽击来球。

技巧提示

击球时，整个手臂抬起，以前臂、手腕发力为主。大拇指自然放置，中指、小指、无名指带动手背向前发力。

反手抽球 ▶

1
在左场区中部，两脚平行开立，稍宽于肩，重心位于两脚间，双膝微曲，收腹含胸，右手正手握拍于体前。

2
准备迎球，右脚蹬地迈向左前方成弓步，肘部稍上抬，由正手握拍转为反手握拍，前臂内旋，手腕外展，引拍至身体左侧。

其他角度

3 髋部右转，带动前臂外旋，手腕稍向内收，闪腕将球击向对方后场。

要加力抽球，速度越快越好。球的飞行路线不要平，要在胸部甚至靠上一些，这样对方再次抽球或者顶后场时就会非常别扭，出球质量会直线下降。在中场抽球时，为了增加挥拍的速度，应尽可能地前握球拍，以缩短挥拍的半径。业余球友杀球时一般都不够尖，相对比较平，因此练好平抽挡能够有效地防杀球。在接杀的时候尽量平挡回去，让对方不能连续进攻。

4 中场击球专项训练

▮ 训练（1）：双人正手挡直线、斜线网前球训练

正手挡直线、斜线网前球练习

乙：采用多球练习。不断将球击向A处，球的落点不宜高，使甲在基本不移动的情况下进行正手挡直线、斜线网前球的练习。

甲：位于右后场接近边线的A处，向对方场地回击正手直线、斜线网前球。

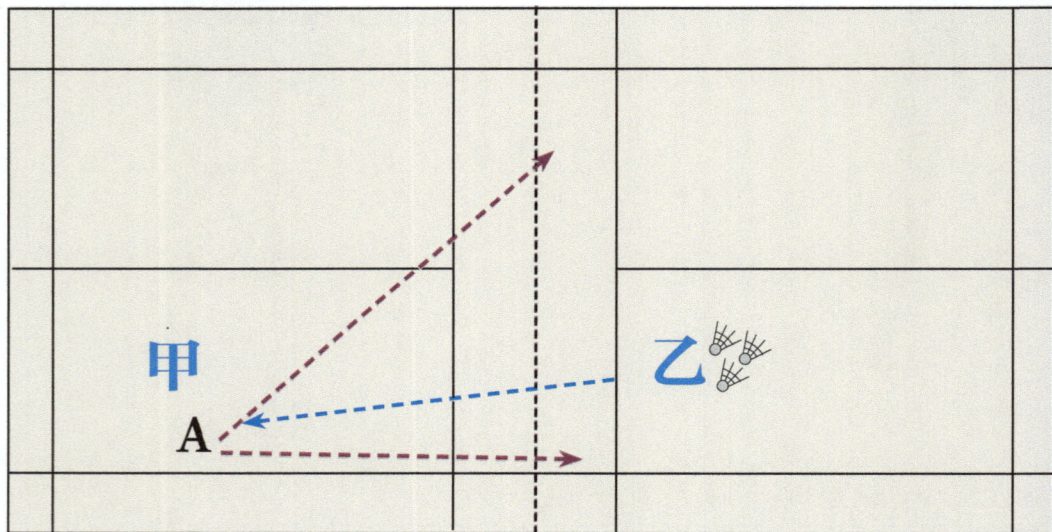

▮ 训练（2）：双人反手挡直线、斜线网前球训练

反手挡直线、斜线网前球练习

乙：采用多球练习。不断将球击向A处，球的落点不宜高，使甲在基本不移动的情况下进行反手挡直线、斜线网前球的练习。

甲：位于左后场接近边线的A处，向对方场地回击反手挡直线、斜线网前球。

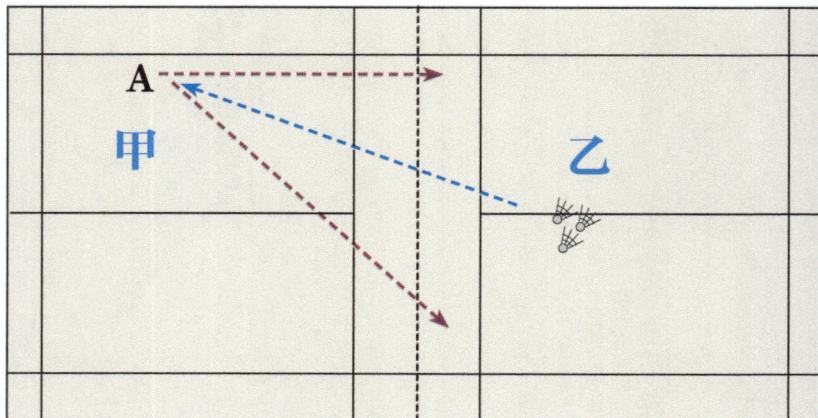

训练（3）：双人抽球训练

正手抽球练习

乙：采用多球练习。不断将球击向A处，球的落点不宜高，使甲在基本不移动的情况下进行正手抽球的练习。

甲：位于右后场接近边线的A处，向对方场地正手抽球。

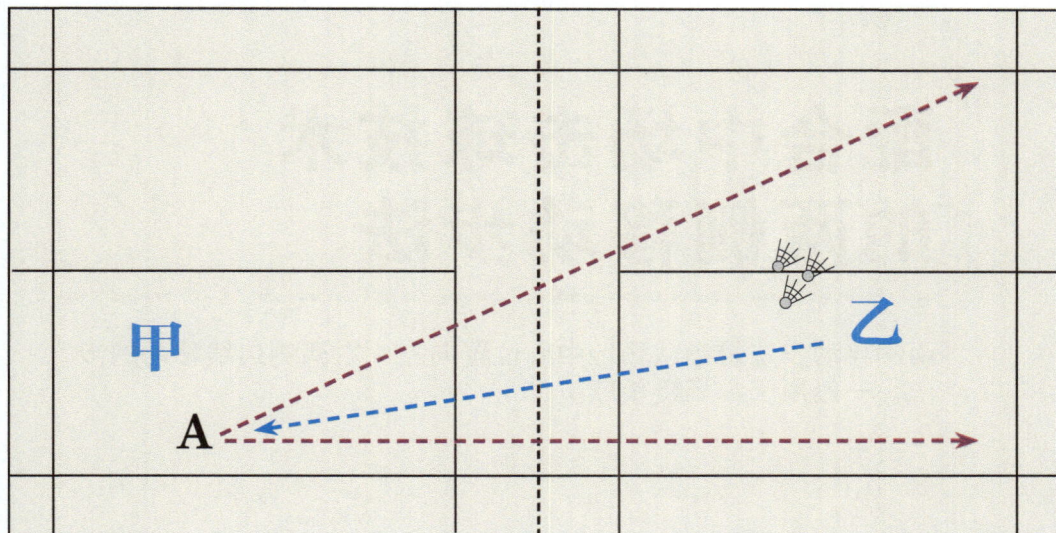

反手抽球练习

乙：采用多球练习。不断将球击向A处，球的落点不宜高，使甲在基本不移动的情况下进行反手抽球的练习。

甲：位于左后场接近边线的A处，向对方场地反手抽球。

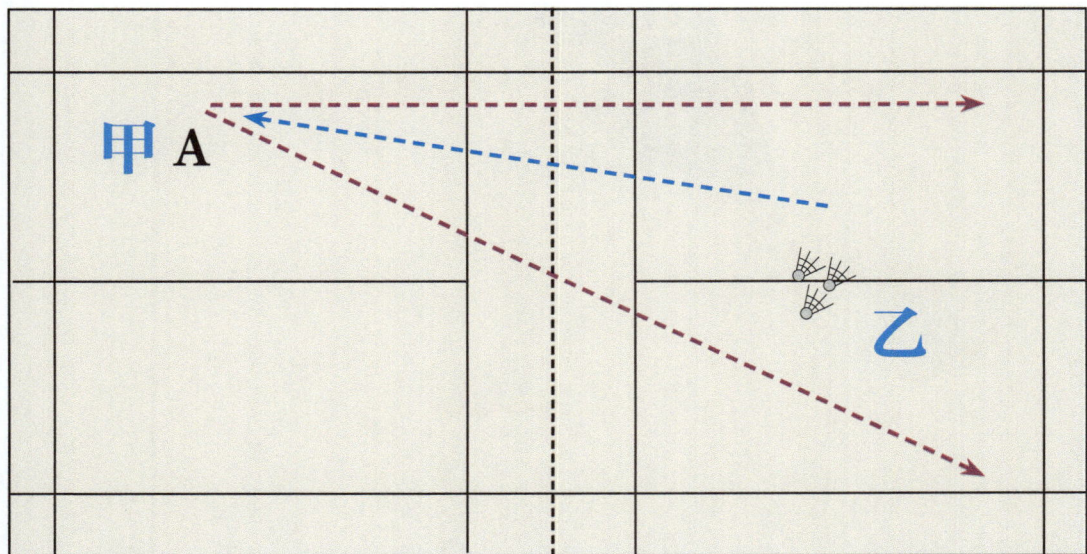

第8章

配合中场击球技术的两侧移动步法

两侧移动步法是指从场地中心位置向左、右两侧边线移动的步法，一般用于中场接杀球。

1 正手两侧移动步法

正手蹬跨步接杀球 ▶

1 两脚开立准备。屈膝下蹲,将重心放低,右手正手握拍举起。

2 判断来球后,两脚前脚掌触地启动,左脚蹬地,转髋。

3 右脚向右方跨出一步,展腕,屈指发力,用正拍面将球击出,击球点在身体的右前下方。

其他角度

对方杀过来的球距离较近时,可以直接向右做蹬跨步接杀球。

正手垫步加跨步接杀球 ▶

1
两脚开立准备。屈
膝下蹲，将重心放
低，右手正手握拍
举起。

2
启动后，左脚向来球方向做
小垫步，靠近右脚。

3
左脚在落地的同时用力蹬地。

4
右脚接着向右跨出一大步，左脚脚尖内
侧稍稍地拖地跟行。用正拍面将球击出，
击球点在身体的右前下方。

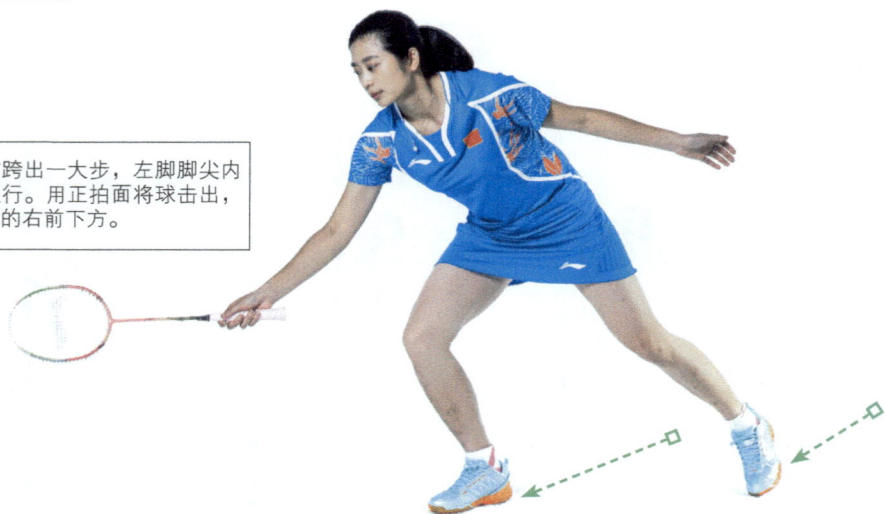

技巧提示

从中心位置到两侧边线的距离大约是 2.6 米，当来球距离稍远时，对于青少年来说向一侧仅跨一步是接不到
球的，要再加一个垫步才能到位。

2 反手两侧移动步法

▌反手蹬跨步接杀球 ▶

1 两脚开立准备。屈膝下蹲，将重心放低，右手正手握拍举起。

2 启动后，右脚蹬地发力，转体转髋。同时，由正手握拍转为反手握拍。

3 右脚向左跨出一步，左脚脚尖着地，为蹬地状态。在身体的左前下方，屈指发力，将球击出。

其他角度

▌反手垫步加跨步接杀球 ▶

1
两脚开立准备。屈膝
下蹲，将重心放低，
右手正手握拍举起。

2
启动后，左脚向来球方向
做小垫步。

3
左脚在落地的同时用力蹬地。

4
右脚接着向右跨出一大步，左脚脚尖内侧稍稍拖地
跟行。

技巧提示

手法的配合：当右手伸向来球的时候，左手在身后自然伸展开，以平衡身体。
左脚蹬地要用力。右脚着地时，脚掌外展，脚跟先着地。

后场击球技术与训练

后场击球技术在羽毛球技术中是非常重要的一部分，它关乎羽毛球比赛的结果。因此，后场击球技术需要学习者重点把握。

高远球

▌正手击直线（斜线）高远球 ▶

1 侧身对网站立，左肩对网，右脚在后，左脚在前，右手正手握拍，屈肘，举拍于体侧。左手自然上举，以平衡身体，目视来球方向。

2 目视来球方向和高度，向身体右后方引拍，做好迎球准备。

3 击球时，右脚蹬地向左转体转髋，前臂外旋，再急速内旋，带动手腕加速向前上方挥拍，屈腕，带动手指用力，用正拍面将球击出。如果用拍面击来球球托的右下方，则球会沿对角线方向飞行，变为击斜线高远球。

4 击球完毕后，球拍随势挥至身体左下方。

技巧提示

准备动作中，必须首先进行转体，侧向站立，使对方不能判断出你的意图。击球不要太用力，体会腰腹带动手臂、手腕的合理发力方法。

反手击直线（斜线）高远球 ▶

1 两脚开立，双膝微屈，右手正手握拍，自然举于体前，目视来球方向。

2 注视来球方向，准备迎球，右脚向左前方迈出，身体向左转体转髋，背对球网，重心移至右脚，同时由正手握拍转为反手握拍，向左后方引拍。

3 击球时，肘部上抬，带动前臂急速外旋，展腕，拇指和手腕发力，将球击向对方后场。如果用拍面击来球球托的左下方，则球会沿对角线方向飞行，变为击斜线高远球。

4 击球完毕后，球拍随势挥至身体右上方。

其他角度

击球时，球拍和胳膊之间呈 V 形，才能保证击球后球飞行的路线是朝着上方的。引拍后先做短暂停顿，然后继续挥拍击球，可以更好地找准击球点。

正手头顶高远球 ▶

1 侧身对网站立，左肩对网，左脚在前，右脚在后，身体正面与球网垂直或夹角大于90°。右手正手握拍，屈肘举于头顶上方。左手自然上举保持平衡。

2 准备迎球时，注视来球方向，前臂后伸，引拍于身体右后方。

3 击球时，向左转体转髋，上臂带动前臂内旋，屈腕带动手指发力，用正拍面将球击出。如果用拍面击来球球托的左下方，则球会沿对角线方向飞行，变为击斜线高远球。

4 与正手高远球相比，正手头顶高远球的击球点更偏左。

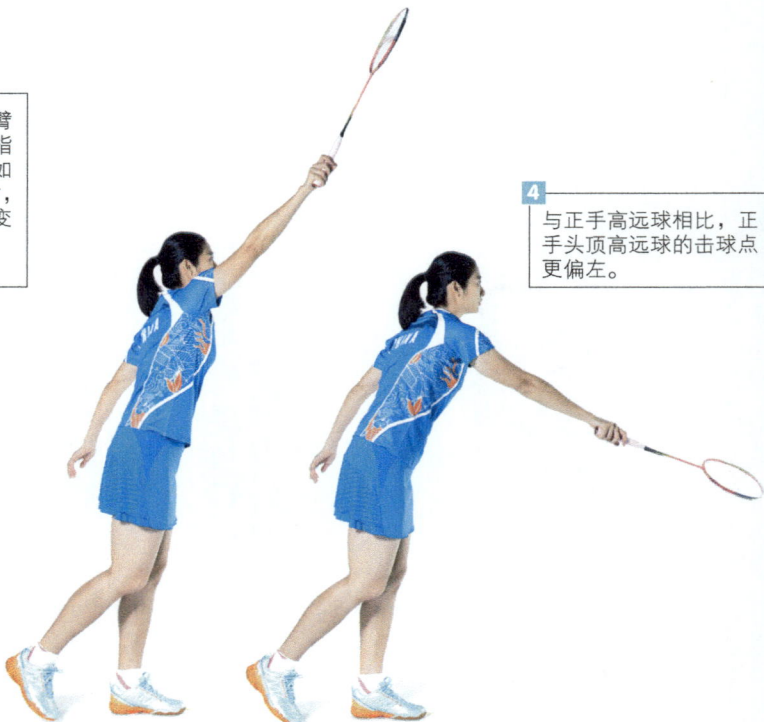

正手被动高远球

被动高远球，是指击球点位于身体后方的高远球。

1 采用进攻状态下右腿在前、左腿在后的斜步站位姿势，身体重心较高，在场地中心位置取位准备。

2 在判断来球方向的同时，双脚触地发力，转体转髋向来球方向移动，拍头上举，前臂向后方引拍。

3 击球点位于身体右后方，击球时，前臂迅速后摆，球拍与手臂呈钝角，然后保持肘部近乎不动，靠手腕、手指发力击球。

4 击球后，跟随惯性，将球拍收回至左肩的前方。

其他角度

正手被动高远球击球时可能出现的问题：
击球点选择不当，偏前或偏后，影响击球发力；击球时，以肘为轴而非以肩为轴挥臂，影响上臂发力，造成用力不当；击球后球拍不是顺惯性朝前下方挥动并收拍至体前，而是将球拍朝下，朝右后方挥动，影响手臂发力；击球时全身用力不协调等。

2 吊球

正手吊球（正手吊直线、斜线）▶

吊球是指把对方击来的高球，用合适的力度从后场轻击、轻切或轻劈到对方网前附近的击球技术。

1
准备姿势和正手高远球的姿势一样，侧身对网站立，左肩对网，右脚在后，左脚在前，右手正手握拍，屈肘，举拍于体侧。左手自然上举，以保持身体平衡，目视来球方向。

2
注视来球方向和高度，向身体右后方引拍，做好迎球准备。

3
击球时，身体迅速向左转体转髋，手臂伸直前挥不发力，手腕轻微发力，球拍对准球头，做划、切或轻击的动作，使球飞向对方网前附近。若想吊直线球，则用正拍面切削球托下方，向前方挥拍；若想吊斜线球，则用球拍切削球托右侧，向左下方挥拍。

技巧提示

在吊球的准备动作中，必须首先进行转体侧位站，使对方不能判断出你吊球的意图。（侧位站可进行多种方式的击球。）

反手吊球（反手吊直线、斜线） ▶

1
两脚开立，双膝微屈，右手正手握拍，自然举于身体右前方，目视来球方向。

2
视来球方向，右脚迅速迈向左前方，转体转髋，同时由正手握拍转为反手握拍，抬右肘，向身体左下方引拍迎球。此时要注意，反手握拍，拇指要顶着拍柄的窄面，对着球拍的竖立面，这样既可以做直线吊球，也可以做斜线吊球。

3
击球时，肘部上抬，前臂外旋，带动手腕、手指发力。击球后手臂动作不宜过大，以 V 形为好，过大则容易造成肩部损伤。若想吊直线球，则用正拍面切削球托下方；若想吊斜线球，则用球拍切削球托左侧，向右下方挥拍。

技巧提示

反手吊直线球和反手吊斜线球，这两种打法，击球前的动作相同，不同的是击球时，直线球要用正拍面切削球托下方，斜线球则用球拍切削球托左侧，向右下方挥拍。

头顶吊球（头顶吊直线、斜线）

头顶吊球是指来球在左后场偏于头顶的位置时，将球从左后场击向对方网前的吊球技术。

1
准备姿势和正手高远球的姿势一样，侧身对网站立，左肩对网，右脚在后，左脚在前，右手正手握拍，屈肘，举拍于体侧。左手自然上举，以平衡身体，目视来球方向。

2
视来球方向，身体迅速向右后方退至合适位置，右臂向身体右后方引拍。

3
击球时，手臂举起不发力，手腕轻微发力，球拍对准球头，做划、切或轻击的动作，使球飞向对方网前附近。若想吊直线球，则切击球托的后部，球拍向前下方用力；若想吊斜线球，则用球拍切击球托左后侧，向左前方用力。

技巧提示

头顶吊直线球和头顶吊斜线球的击球动作与头顶直线高远球相似，只是在击球的瞬间，前臂突然内旋并往前下方挥拍，手腕外伸后展带动球拍轻点球托的后部，球飞向前下方用力；或者切击球托左侧后下部，球沿斜线飞行。

正手劈吊

劈吊又称为"快吊"，是指将对方击来的后场高球，以回击高远球和杀球相结合的技术，将球回击到对方网前的击球技术。相对于正手吊球来说，劈吊的初始动作幅度稍大，更类似于杀球，但挥拍线路不同。

1

侧身，左肩对网，两脚开立，与肩同宽。右手正手握拍，屈肘举拍于体侧，保持胸部舒展；左手自然上举，以平衡身体。

2

准备迎球时，持拍手向后引拍，肘部朝上，球拍位于身后。

3

向前引臂击球，手臂向上伸到最高点，前臂外旋，带动手腕、手指往下扣，球拍向右前方挥动，用斜拍面切球托右后侧，使球向前向下方飞行。击球后，球拍顺势挥至身体左下方。

技巧提示

劈吊，用力不在击球，而是用拍面摩擦球托。击球时动作要快，力度要轻。在击球的瞬间，前臂外旋，带动手腕、手指往下扣，用斜拍面切球托的右后侧。

3 杀球

杀球是将对方的来球在尽量高的击球点上斜压下去的击球技术。杀球力量大，弧线直，落地快，能给对方带来很大的威胁，因此是在进攻时的常用杀球。

▌正手杀球（正手杀直线、斜线）▶

1 侧身，左肩对网，两脚开立，与肩同宽。右手正手握拍，屈肘，举拍于体侧，保持胸部舒展。左手自然上举，以平衡身体。

2 迎球时，尽量后退到球的右后方，身体后仰挺胸，右臂摆向身后，抬肘，前臂后伸，引拍于身后，并带动球拍于身后，这时握拍要松。

3 击球前，手臂保持充分放松，击球时，前臂外旋，再急速内旋，带动手腕闪腕击球，击球要有爆发力。杀直线球时，球拍向正前下方发力；杀斜线球时，以拍面击球托右侧，使球向左前下方飞去。

技巧提示

杀球的击球点，比高球的击球点要低一点，这样有助于球向下压。杀球点要尽量位于人体前方，否则发力会比较困难。

反手杀球（反手杀直线、斜线）▶

1
侧身，右肩对网，两脚开立，与肩同宽。右手正手握拍，屈肘，保持胸部舒展，举拍于体侧。

2
准备迎球时，身体向左转体，向左前方跨步，肘部抬起，上臂和前臂保持一定的夹角（约45°），手腕立起，由正手握拍转成反手握拍。

3
右脚蹬地，腰部、腹部同时发力，收紧后背，上身略向右转动，同时上臂带动前臂，外旋变内旋，快速闪动击球（用反拍面击球托）。杀直线球时，在击球瞬间拍面向正前下方压；杀斜线球时，击球时拍面向前斜下方压。

技巧提示

反手杀球时，场地空当会比较大，因此杀球点不能太靠后。杀球点过于靠后的话，反手杀球的力量会大大减弱。

141

头顶杀球（头顶杀直线、斜线）

头顶杀球，是指在左后场用正手握拍法在头顶上方杀球的击球技术。

1 侧身，左肩对网，两脚开立，与肩同宽。右手正手握拍，屈肘举拍于体侧，保持胸部舒展；左手自然上举，以平衡身体。

2 迎球时，尽量后退到球的右后方，身体后仰挺胸，右臂挥拍引向身后，这时握拍要松。

3 击球时，前臂外旋，再急速内旋，带动手腕闪腕击球。杀直线球时，用正拍面向正前下方发力，击打球托的中后部；杀斜线球时，前臂内旋，带动手腕，向内转动球拍，用正拍面向右斜前下方击球。

技巧提示

头顶杀直线球和头顶杀斜线球的准备姿势与头顶击高远球相似，不同之处在于挥拍击球时，要靠腰腹的力量带动上臂，协调前臂、手腕力量形成鞭击动作，全力往下方击球。

点杀

点杀的动作和正常杀球一样，但是动作更小，更具有隐蔽性和突然性，在击球的一瞬间迅速停拍。球的飞行线路陡而直，落点比较犀利，多靠网前。

1 侧身，左肩对网，两脚开立，与肩同宽，右手正手握拍，屈肘举拍于体侧，保持胸部舒展；左手自然上举，以平衡身体。

2 迎球时，身体后仰挺胸，右臂挥拍引向身后，这时握拍要松。

3 击球时，手臂先内旋向上挥动，至最高点时，肘部朝后制动，前臂带动手腕向前发力，以正拍面击球。击球后，手臂制动，左脚先落地，直接蹬地移动回场地中央。

技巧提示

点杀引拍的动作短促隐蔽，依靠手腕及前臂的力量击球。点杀用在中场或中场偏后的快速杀球中。由于引拍动作小，点杀可以准确控制杀球线路。注意击球后手腕的制动。

正手劈杀（正手劈杀直线、斜线）▶

1　侧身，左肩对网，两脚开立，与肩同宽，右手正手握拍，屈肘举拍于体侧，保持胸部舒展；左手自然上举，以保持身体平衡。

2　准备迎球起跳，起跳时身体后仰挺胸，身体呈反弓形。右臂挥拍引向身后，这时握拍要松。

3　接球时身体前倾，看准来球方向，右臂向上挥拍，这时握拍要紧。

4　用球拍的斜拍面切击球托，发力击球。击球时，手指要突然抓紧拍柄，手腕的爆发力集中在击球点上。如要想改变球的飞行路线，可适当改变转体的程度和球拍的角度。

技巧提示

劈杀是羽毛球杀球中常用的技术之一，速度快，弧线陡，具有突击性，往往使对方措手不及，常常能一招制敌。

4 后场击球专项训练

训练（1）：双人正手击直线、斜线高远球训练

正手击高远球训练

乙：采用多球练习。乙不断将球击向A处，使甲在基本不移动的情况下进行正手击直线、斜线高远球的练习。

甲：位于右后场接近边底线的A处，分别向对方场地底线的两个落点B、C击直线、斜线高远球。

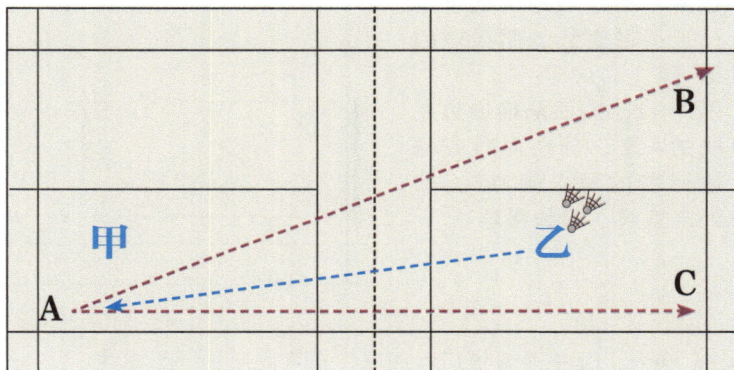

训练（2）：双人反手击直线、斜线高远球训练

反手击高远球训练

乙：采用多球练习。乙不断将球回击向A处，使甲在基本不移动的情况下进行反手击直线、斜线高远球的练习。

甲：位于左后场接近边底线的A处，分别向对方场地底线的两个落点B、C击直线、斜线高远球。

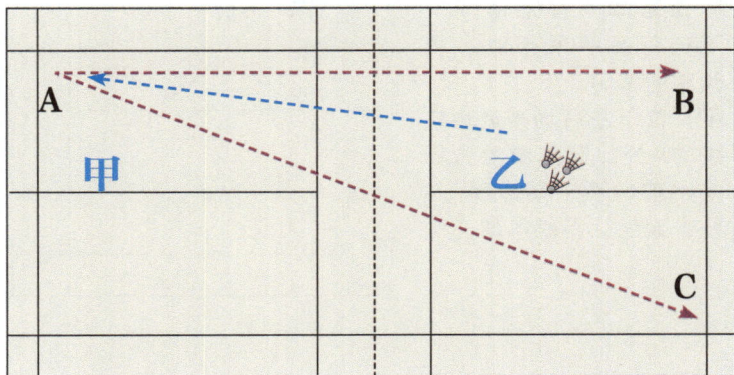

训练（3）：吊球训练

正手吊直线、斜线球训练

乙：采用多球练习。乙不断向A处挑出高球，使甲在基本不移动的情况下进行正手吊直线、斜线球的练习。

甲：位于右后场接近边底线的A处，分别向对方场地网前的两个落点B、C处击直线、斜线吊球。

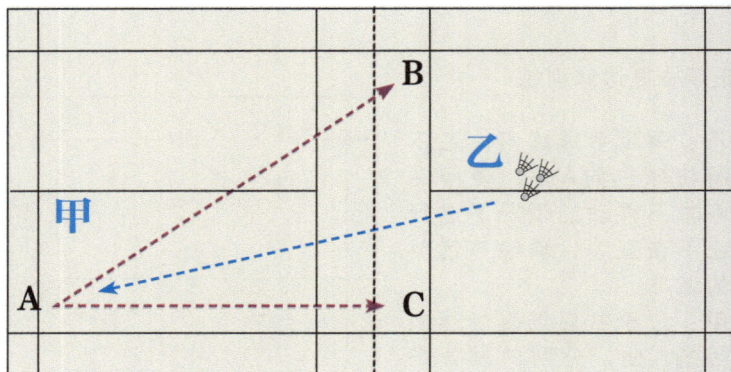

注：劈吊、正手杀直线、斜线球，也可以用此训练模式。

反手吊直线、斜线球训练

乙：采用多球练习，乙不断向A处挑出高球，使甲在基本不移动的情况下进行反手吊直线、斜线球的练习。

甲：位于左后场接近边底线的A处，分别向对方场地网前的两个落点B、C处击直线、斜线吊球。

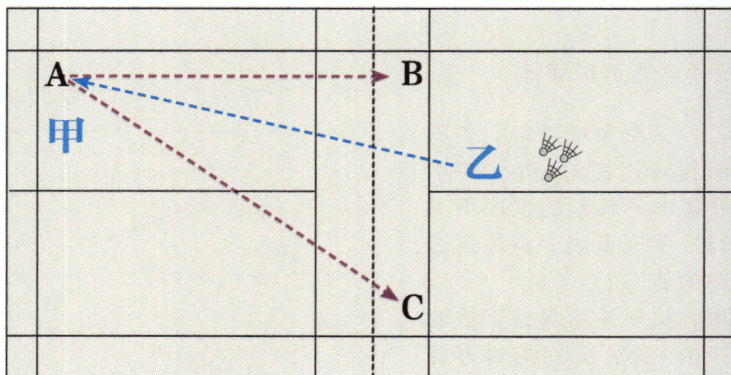

注：反手杀直线、斜线球，也可以用此训练模式。

头顶吊直线、斜线球训练

乙：采用多球练习，乙不断向A处挑出高球，使甲在基本不移动的情况下进行头顶吊直线、斜线球的练习。

甲：位于左后场接近边底线的A处，分别向对方场地网前的两个落点B、C处击头顶直线、头顶斜线吊球。

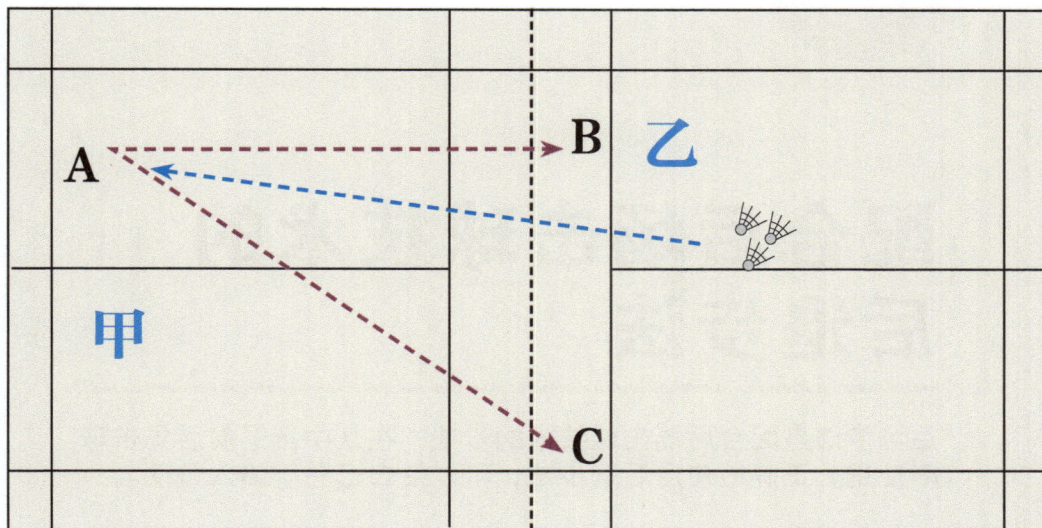

注：头顶杀球也可以用此训练模式。

训练（4）：杀球训练

点杀训练

乙：采用多球练习。乙不断将球挑向A处，使甲在基本不移动的情况下进行点杀的练习。

甲：甲位于左后场接近边底线的A处，向对方场地回击点杀。

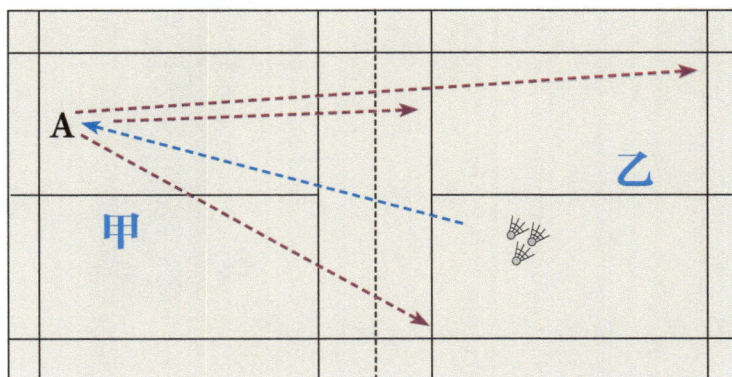

注：其他杀球训练也可以用吊球的训练模式进行。

第10章

配合后场击球技术的后退步法

后场步法是配合后场击球技术的步法，在从中场退向后场击球时使用。正确地使用后场步法，可以使自己免于陷入被动。

正手后退步法

正手一步后退步法 ▶ 判断来球在右后场且距离较近时，可用此步法。

1 两脚开立准备。屈膝下蹲，将重心放低，右手正手握拍举起。

2 判断来球，双脚迅速启动，以左脚掌为轴心，在转体转髋的同时，右脚向来球方向后跨一步。

3 身体重心下沉，起跳击球。

技巧提示

对于头顶区的高球，最好用正手击球，后退的步法是蹬转步。判断来球方向后，以左脚为轴，右脚向来球方向用力蹬转一步。左脚要用力，转体转髋要及时。

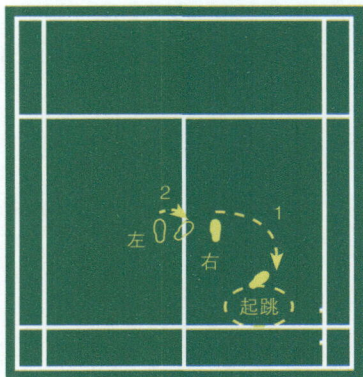

正手两步后退步法 ▶

来球在右后场的距离稍远时，用此步法；为交叉步和跨步的组合。

1 两脚开立准备。屈膝下蹲，将重心放低，右手正手握拍举起。

2 左脚通过右脚后方，向右后方迈出一步。

3 右脚向来球方向后跨一步，同时降低重心，起跳击球。

正手三步后退步法 ▶

来球在右后场且距离较远时，用此步法；为蹬
转步、并步和跨步的组合。

2 左脚蹬地，右脚向右跨出一步，同时转体转髋。

1 两脚开立准备。屈膝下蹲，将重心放低，右手正手握拍举起。

3 左脚向右脚并步。

4 右脚再向来球方向跨出一步，同时重心降低，起跳击球。

技巧提示

正手三步后退时，右脚
先向右后跨一步，左脚
并向右脚，接着右脚再
向来球方向跨出一步，
起跳击球，此时重心
在右脚。

头顶后退步法

▌头顶正手一步后退步法 ▶

如果来球在头顶稍稍靠后的地方，可直接向来球方向转体，向后跨一步击球，实为向后方的蹬转步。

1 两脚开立准备。屈膝下蹲，将重心放低，右手正手握拍举起。

2 左脚蹬地发力，身体向来球方向转体转髋，右脚向后跨出一步。

3 身体重心下沉，起跳击球。

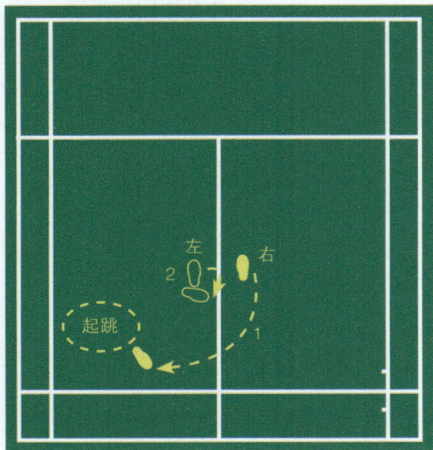

左 右

2 1

起跳

技巧提示

若来球飞向左侧后场，在起跳的同时转体转髋，落地后右脚在前，左脚在后，这样有助于更快地回到场中位置。

头顶正手两步后退步法 ▶

来球在右后场且距离较远时，用此步法；为蹬转步和并步的组合。

1 两脚开立准备。屈膝下蹲，将重心放低，右手正手握拍举起。

2 左脚向来球方向后迈一步，接着转体转髋，右脚向来球方向后跨一步。

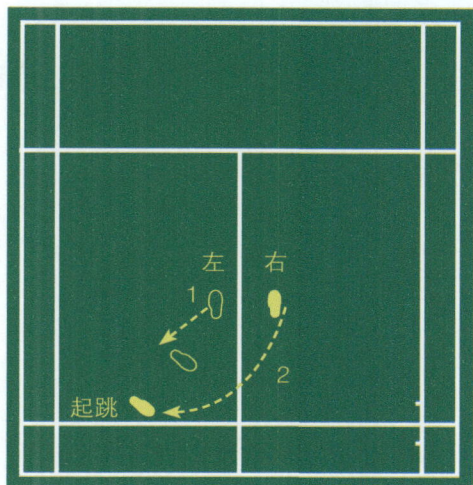

3 身体重心下沉，起跳击球。

技巧提示

在练习后退步法时，往往容易偏重于快速启动的练习，而忽视回动的训练与改进。实际上，回动也是组成快速移动步法的关键环节。

第11章

单打与双打知识

单打与双打是羽毛球运动最重要的两个项目，有各自的规则和技术。虽然两者在基础技术上通用，但是双打中配合显得尤为重要。本章简单介绍单打的相关内容，着重介绍双打的相关内容。

单打接发球姿势与站位

羽毛球的接发球一般都是根据自己左手或右手持拍的习惯来安排的，同时也要考虑防守对方发的短球或长球。一般来说，右手持拍的选手应该在距接发区线约20厘米的位置站立，左脚在前，右脚在后，以对短球或对方突袭后场长球做好防守准备；左手持拍的选手，则基本上是相反的站位，也可以达到防守的目的。

接发球的姿势

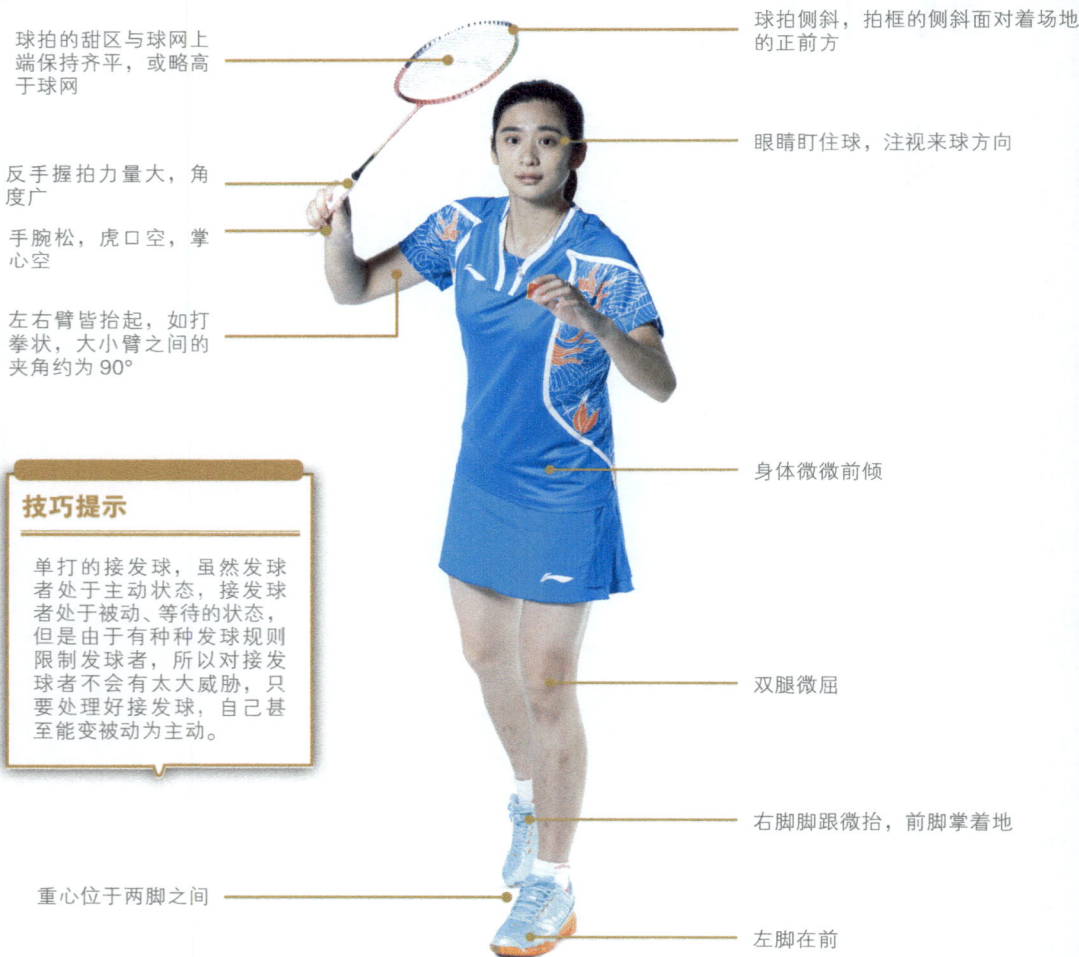

球拍的甜区与球网上端保持齐平，或略高于球网

反手握拍力量大，角度广

手腕松，虎口空，掌心空

左右臂皆抬起，如打拳状，大小臂之间的夹角约为90°

球拍侧斜，拍框的侧斜面对着场地的正前方

眼睛盯住球，注视来球方向

身体微微前倾

技巧提示

单打的接发球，虽然发球者处于主动状态，接发球者处于被动、等待的状态，但是由于有种种发球规则限制发球者，所以对接发球者不会有太大威胁，只要处理好接发球，自己甚至能变被动为主动。

双腿微屈

右脚脚跟微抬，前脚掌着地

重心位于两脚之间

左脚在前

接发球的站位

与前发球线保持1.5米的距离。如果在右区接发球，在偏中线的位置站立（防止对方的平射球攻击头顶区域）；如果在左区接球，在中线和边线的中间位置站立。此外，需视个人情况灵活处理：后场移动能力强，则稍靠前站立；后场移动能力弱，则稍靠后站立。

单打接发球技术

接发球虽然处于被动、等待的状态，但由于发球规则的种种限制，发球者不能给接发球者带来太大的威胁。发球者的发球只能发到对角线的接发球区内，因而接发球者只需防守不到半个场区，却可以还击到对方的整个场区。所以，接发球者若能处理好这一拍，反而可以变被动为主动。

单打接发前场球

1 以接发球的姿势准备。左脚在前，右脚在后，注视来球。

2 判断来球方向，左脚蹬地，右脚向右前方跨出一步，正手握拍，手心向上，拍头指向网边，稍稍下沉，手腕略高于拍头，拍面低于网顶。

3 击球时，用正拍面搓击来球的底部，使球旋转过网，落于对方前场网前。

技巧提示

接发前场球，一般可以用平推球、挑高球或者放网前小球来还击；如果来球较高，则可以直接扑球。接发网前球时，尽量选择高一点的击球点，使回球到达对方场地的落点低一些，让自己变被动为主动。

单打接发后场球

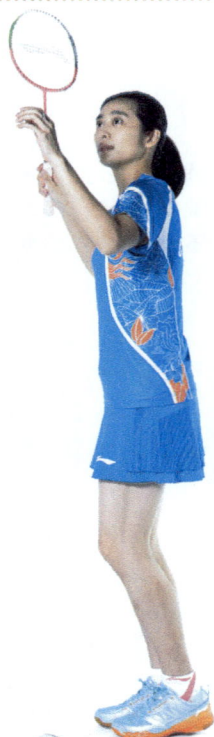

1
以接发球的姿势站立，左脚在前，右脚在后，注视前方，关注来球。

2
判断来球方向，迅速向右转体转髋，身体重心转移至右脚，右手持拍，自然屈肘，向后引拍。

技巧提示

接发后场球，一般是平高球和高远球，最基本的策略是迅速退到后场，尽量退至球的后面，这样能够提高击球的准确性，且发力较大，还能赢得更多的时间，让自己的动作更具隐蔽性，以迷惑对方，为自己赢得主动权。

3
接球时，右脚蹬地，右手持拍举过头顶击球，尽量将球击向对方后场。击球后顺势将球拍收回至身体左下方。

第11章

3 双打接发球技术

双打接发球，从接球位置上区分，可分为接发网前球和接发后场球。

▌双打接发网前球

1 以接发球的姿势站立，左脚在前，右脚在后，注视来球。

2 判断来球，然后左脚蹬地，右脚向左前上方跨出一步，反手握拍。

3 击球时，拍面立起来，用正拍面搓击来球的底部，使球旋转过网，落于对方前场网前。

技巧提示

双打接发网前球时，一般用扑球、放网前球、搓球、推球、勾对角球、挑球等方法进行还击，其中挑球是得不到主动权时的权宜之举，不宜多用。

双打接发后场球

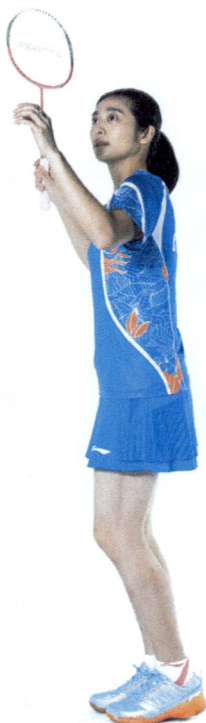

1
以接发球的准备姿势站立，左脚在前，右脚在后，注视前方，关注来球。

2
判断来球方向后，迅速向右转体转髋，身体重心转移至右脚，右手持拍，自然屈肘，向身后引拍。

技巧提示

双打接发后场球，先准备好启动，然后判断对方来球的方向，尽量把球压到对方的后场。尽量击出高弧线的后场球。

3
接球时，右脚蹬地，右手持拍举过头顶击球，尽量将球击向对方后场。击球后顺势将球拍收回至身体左下方。

双打站位与跑位

双打站位

双打中的站位，是根据对方的技术水平、打法特点等来安排的。站位的安排很重要，直接影响击球效果及战术布置。一般有下面这几种站位方式。

◉ 前后站位

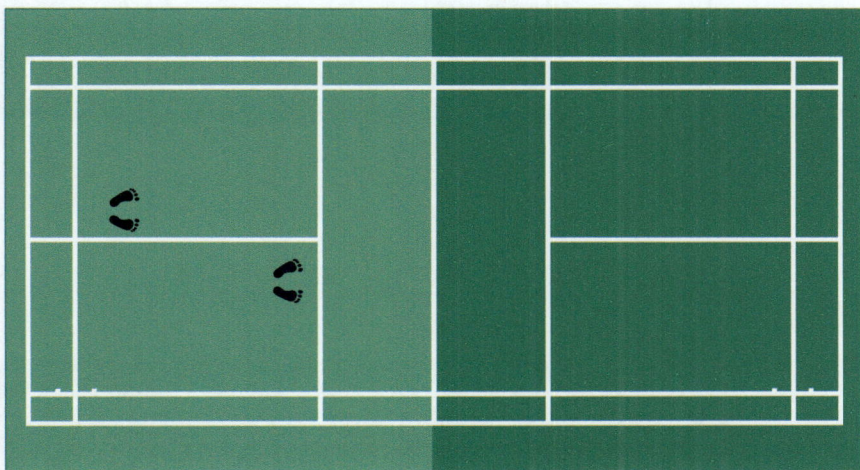

打法

发球员发球后，可封堵前场，后场球员则应对中后场的来球。从进攻方面来说，前场球员可通过网前技术，如扑球、搓球、放网、勾对角球等，寻找机会打乱对方的站位，伺机攻杀；或者后场球员进行连续的扣杀，前场球员配合封堵网前，伺机给对方致命一击。

◉ 左右站位

打法

如果对方来球是后场球，接球方立即从前后站位变为左右站位，两人分别负责左、右半场，并多用平抽技术将球压制在对方后场底线两角，使对方回球无力，伺机扣杀或吊球制胜。

打法

接发球进行抢攻，然后迅速用小碎步调整，回到中间位置。

◎ 特殊站位

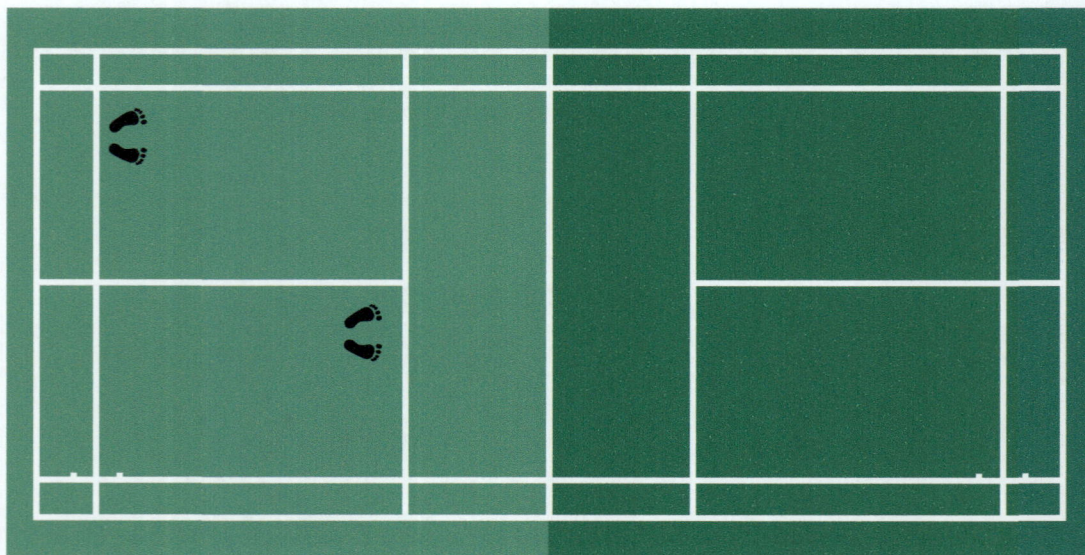

打法

前场球员应对网前球，后场球员应对后场球，及时填补空缺。

双打跑位

双打中的跑位，需要两名球员在符合双方技术水平、打法特点和跑位基本原则的基础上，根据场上情况灵活安排，做到既不抢球也不让球。一些初学者在与他人配合进行双打时，往往忽略对方的跑位情况，完全按照自己的节奏和感觉跑动，这样特别容易导致场上出现空当区域，为对手制造突袭的机会。因此，进行双打配合的两名球员，需要经常在训练和实战中练习跑位，培养出两人之间的默契感，以便在场上分工明确，从容应战。一般有下面几种跑位方式。

◉ 前后站位变左右站位

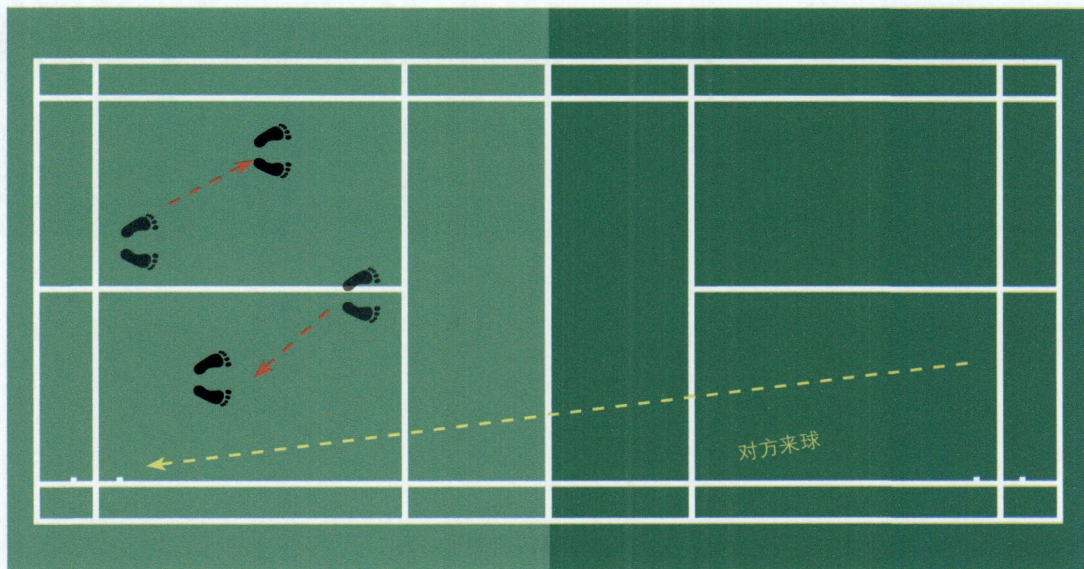

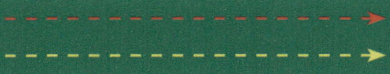

对方来球

脚部移动轨迹（下同）
球飞行轨迹（下同）

| 打法 |
发球或接发球时前后站位，但当对方击来的后场高球偏于一侧边线时，前场球员可急速后退，而原本在后场的球员可移向另一侧，形成左右站位。

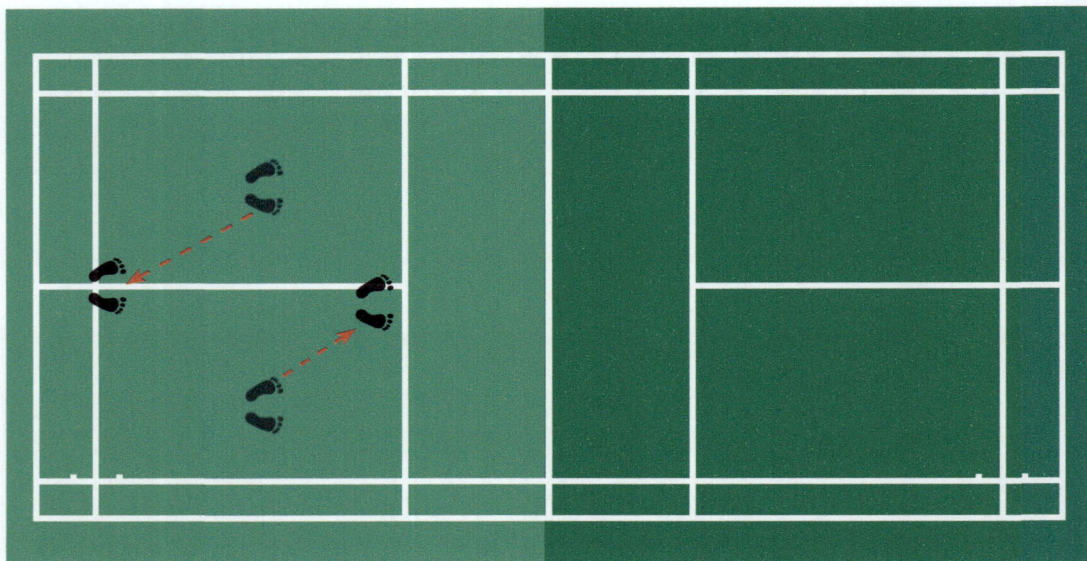

打法

在比赛过程中，发球或接发球时为左右站位，发球后或接发球后，一旦形势对己方有利、可进行下压进攻时，己方的一名球员可迅速上网封堵，另一球员则移动到后场，进行后场的扣、吊、杀球等，攻击对方。

发球战术、进攻战术、防守战术

羽毛球战术

在羽毛球比赛中，既需要好的技术，更需要好的战术。有策略地运用战术，可以将战局控制在自己的掌控范围内，控制整个比赛局面。好的战术是成功的重要因素。

发球战术

▊ 发底线球

· 战术一：右发球区发底线球（以单打为例）

在右接发球区，一般接发球者位于中线附近，此时可以发后场球，球的飞行时间长，自己有充分的时间调整状态，准备下一次击球。

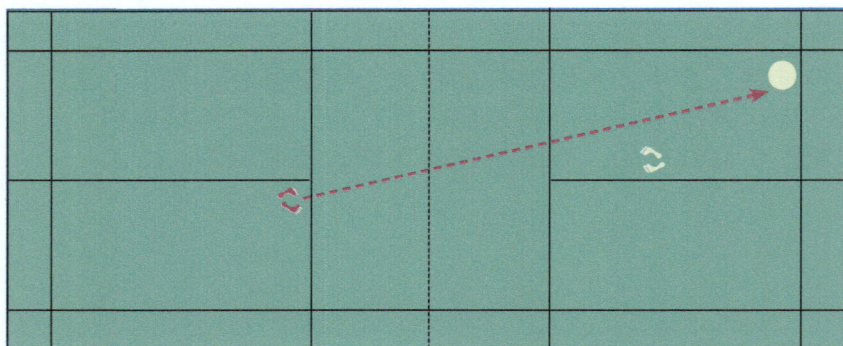

羽毛球飞行轨迹（下同）

· 战术二：左发球区发底线球（以单打为例）

在左接发球区，一般接发球者位于中线和边线的中间，此时可以向对方后场发球，球靠近中线或边线，也可以为自己争取时间，准备下一次击球。

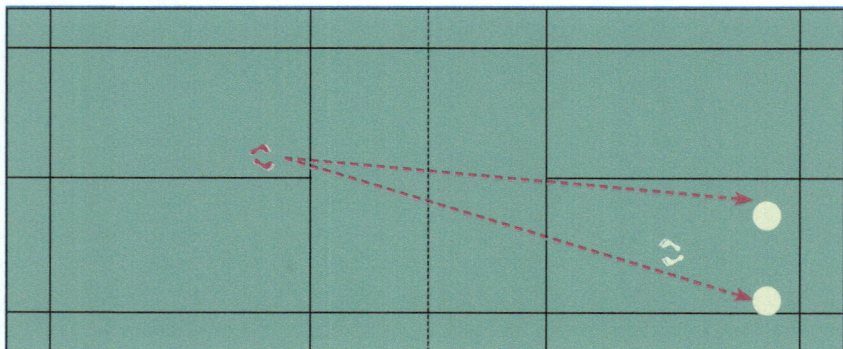

▊ 反手发球

可多采用反手发球。反手发球的优点在于动作小、隐蔽性强，对方不易判断来球的方向，从而使己方占有更多的主动权。

发追身球

追身球，顾名思义就是球直接追向对方身体，指有意往对方的身体上击球（尤其是上半身），迫使对方压低身段或身体向侧边躲开来回球。追身球的球速快，线路又平又长，可打乱对方接发球的节奏，这样的回球，成功率和回球质量都不高。如果追身球发得好，发球方易占据主动地位。

变换节奏发球

发球不能总是采用同一节奏和同样的时间，否则对方会很容易判断出发球时机，从而做好反击准备，使发球方陷于不利的境地。要有快有慢地控制发球节奏，有时候拿起球就发，有时候要稍作停留后再发球。

发后场球

发球时突发后场球是常用的战术。后场球的路线比较长，如果是高远球的话，对方的回球更不具备攻击力，对发球方有利。不过发后场球也要看对方的阵型和实际情况，一般在下面这些情况下可多发后场球：

比赛刚刚开局时或比分到了关键时刻；

接发球者的移动速度较慢，或混双时偷袭女方后场；

追分时，对方会急于扑球得分，这时可连续发后场球；

接发球者的站位比较偏。

快速、连续发球

在战况对己方有利、赢球势头正盛、己方频频得分的情况下，应加快发球的节奏，捡球、发球都要快，给对方造成压力，使其得不到喘息、调整的机会。

发反手位球

单打时，发球发对方反手位的球，使对方接球时偏于被动。无论是发短球、平高球还是高远球，都可以达到同样的效果。

发贴近中线的平高球

这种发球很容易干扰对方的判断，让对方误以为会发错区，从而对待来球不太认真。不过在发这类球时，发球方也要谨慎，要把握好自己的技术，否则可能真的发错了区。

第12章

2 进攻战术

发球强攻

主要针对防守能力差或后场进攻能力较强的对手。发平快球结合网前球，或发网前球结合平快球，限制对方的进攻，迫使对方打出高球，己方趁机寻找对方的空当进行杀球或吊球，创造制胜的机会。

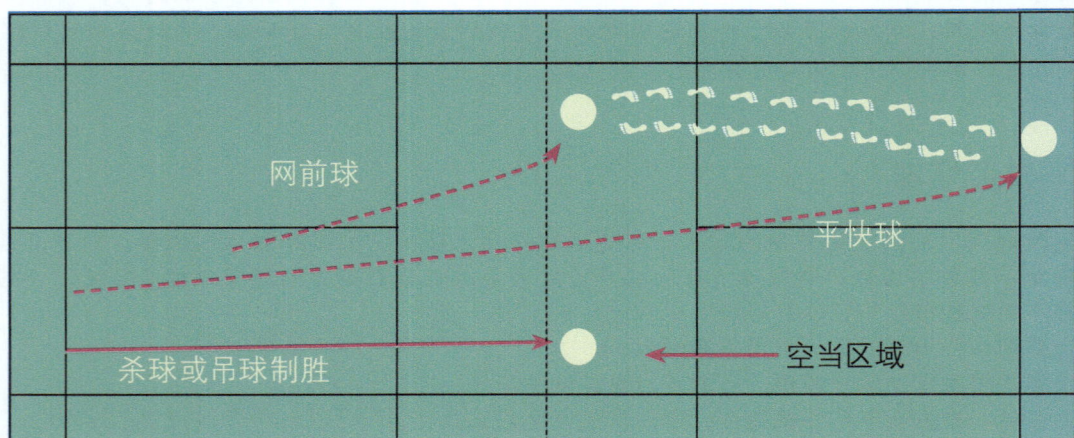

网前球
平快球
杀球或吊球制胜
空当区域

突击前场

当己方处于控制地位时，可以向对方后场击高远球或平高球，将对方压制在后场的两角；当对方疲于应付后场，疏于前场的防守时，可以找机会杀球、轻吊球或搓球，使球落在对方网前，从而制胜。

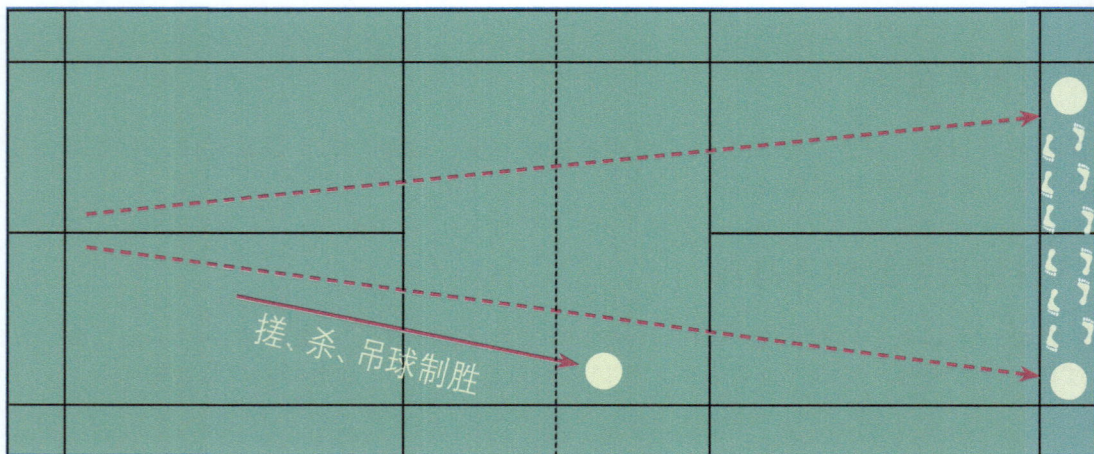

搓、杀、吊球制胜

突击后场

运用良好的放网技术控制网前，如搓球、推球、勾球等，将对方控制在网前两角，如果对方前场技术较差，会直接失误；或者伺机向对方的中后场杀球、劈杀或吊球制胜。

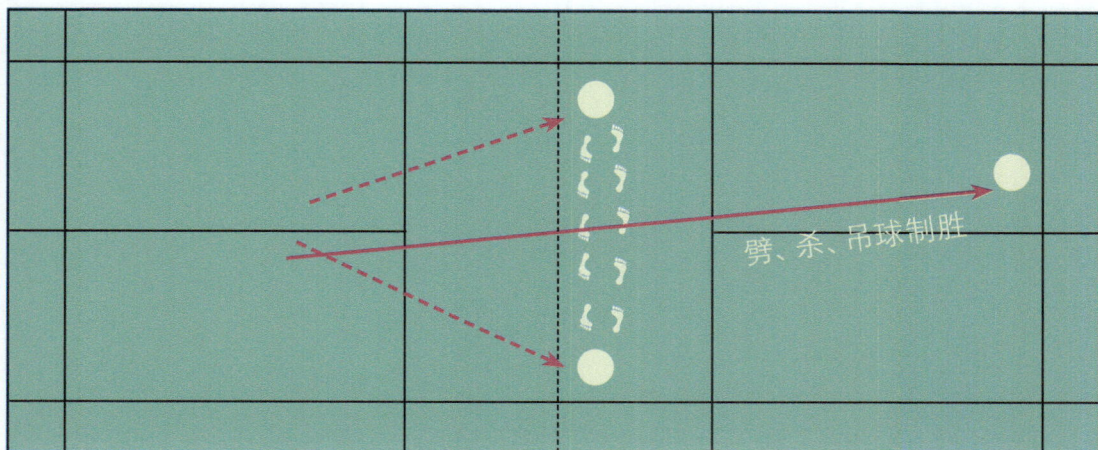

劈、杀、吊球制胜

杀边线球

将击球的重点放在杀边线上，左边边线和右边边线轮流杀，让对方不断地向左、向右低重心被动接球，耗费对方的体力。

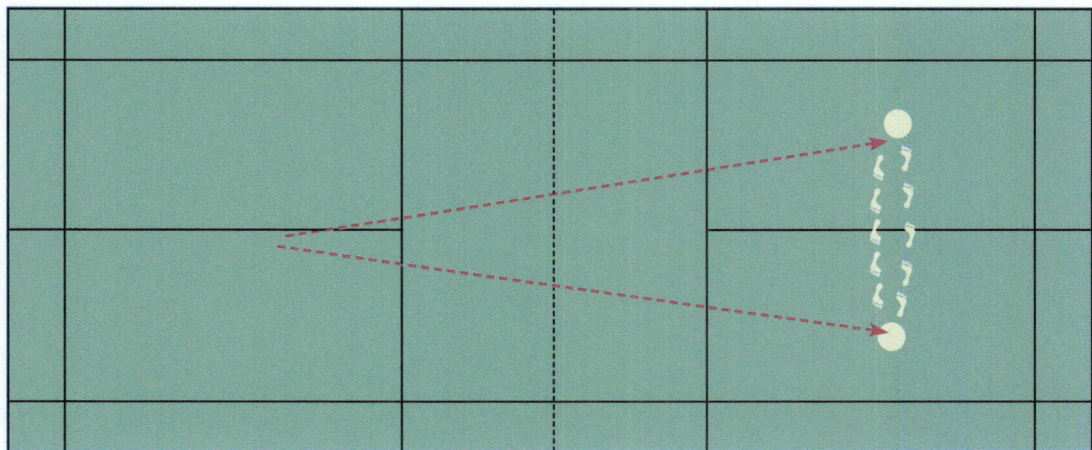

█ 拉斜线球

将球分别击到对方的右后场（右前场）和左前场（左后场），而且最好是场地的边角，来回重复，使对方呈斜线来回跑动接球，疲于应付，耗费体力，回球的质量自然就不高，己方伺机一击制胜。

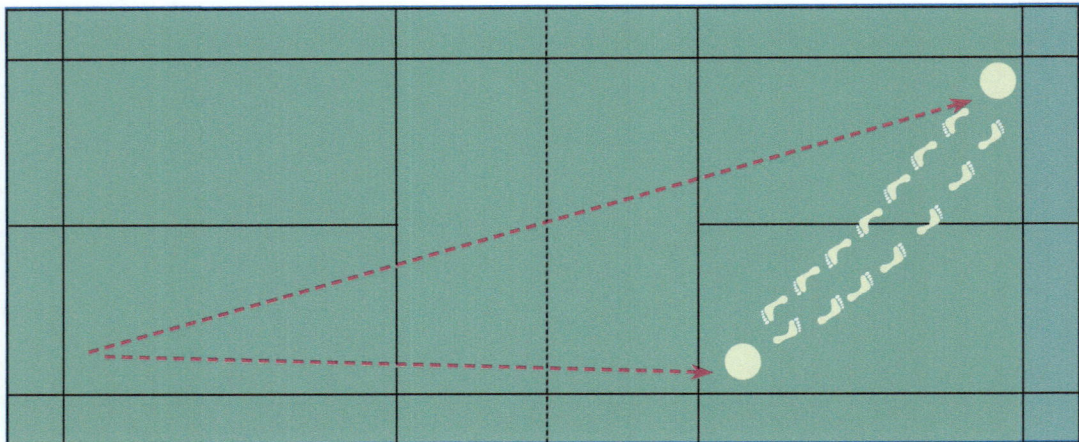

█ 打四方球

利用良好的球技，将球分别击向对方场地的四个角落，使对方疲于接球而来不及回到中心位置，己方伺机抓空当杀球取胜。这和拉斜线球的战术颇有相似之处。

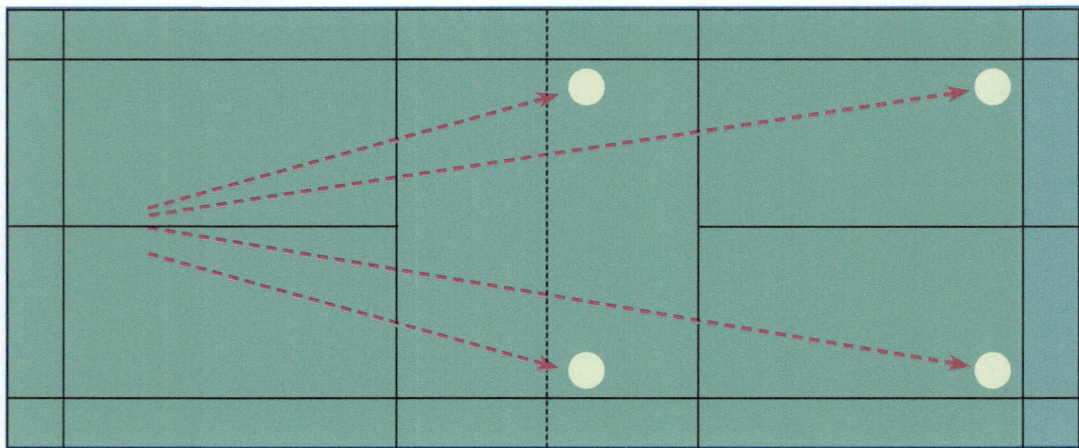

▎攻击反手区战术

一般情况下，后场反手击球比较被动，进攻性很弱，或者不具有进攻性，而且球路比较简单，返回场地中心也很被动。己方可刻意多将球击向对方左手后场区，使对方露出空当，伺机攻杀取胜。（图示中假设对方为右手握拍。）

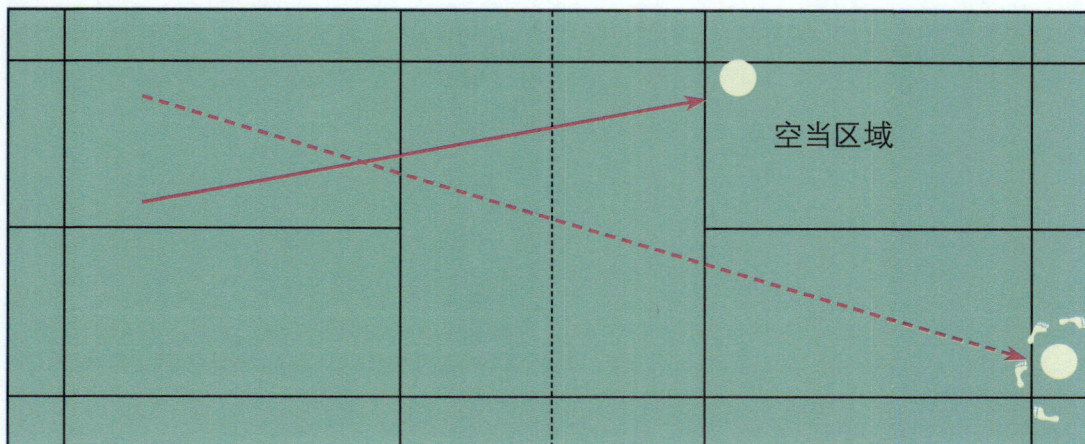

空当区域

▎打重复球

重复球，就是打重复线路、重复点位。对于启动、回动速度快的对手，打重复球是最好的选择。将球打向一个点位，对手回击后迅速回位，然后己方再将球打向同样的点位，对方再迅速启动回球后，又迅速回位；通过重复打同一个点位，打乱对方的重心和步法，伺机找空当取胜。

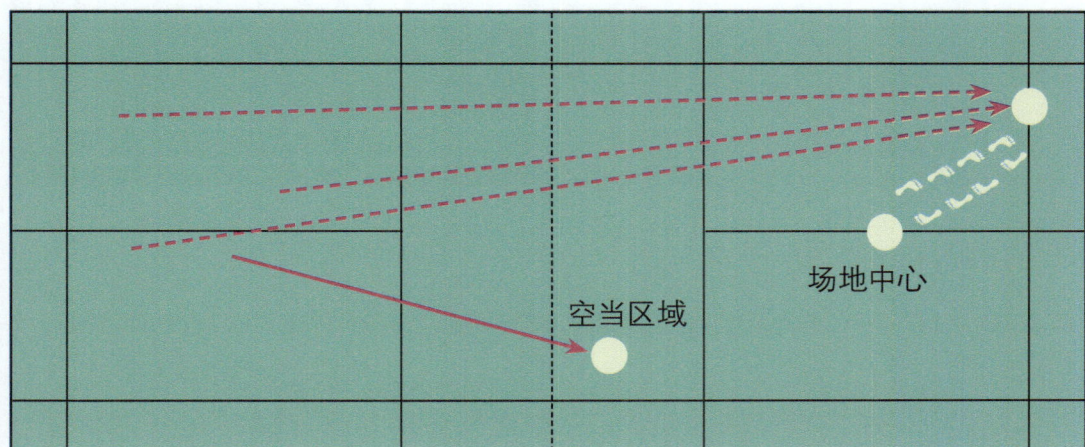

场地中心

空当区域

攻人战术

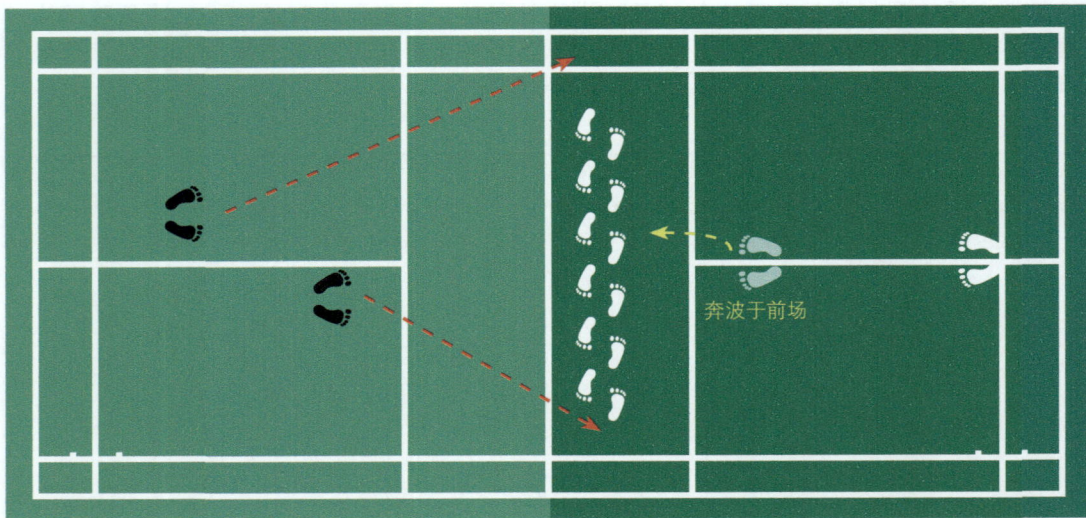

奔波于前场

1 将球压至对方前场，合力攻击前场，使对方的前场球员疲于奔波，然后找机会突袭前场。

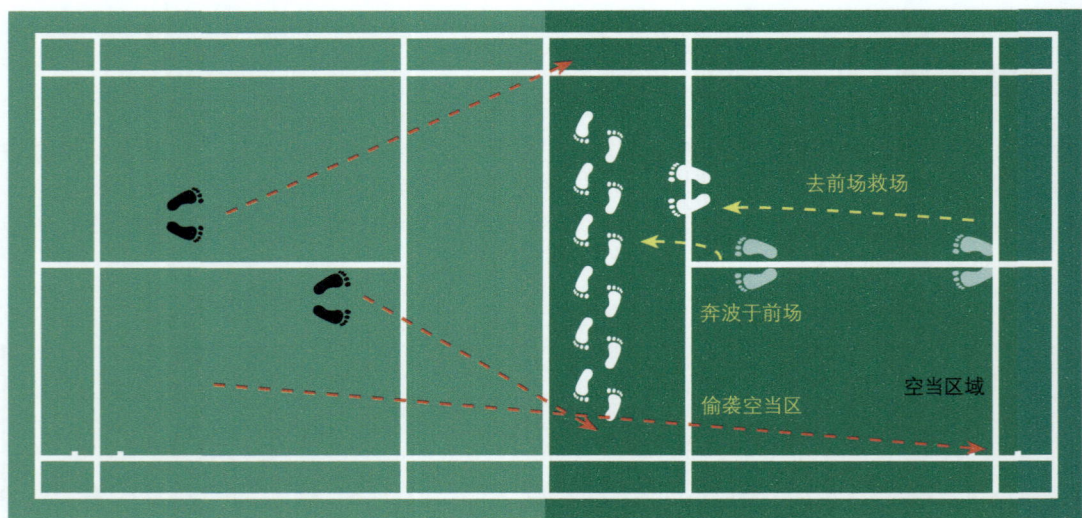

去前场救场

奔波于前场

偷袭空当区

空当区域

2 如果对方后场球员来救，则后场出现大的空当，此时也可向对方后场进行突袭。

技巧提示

当对方的两名球员技术水平不平衡时，常采用这种战术，不过这种战术也同样适用于对方两名球员技术水平较均衡的情况。一般来说，就是通过将球下压至前场，两人合力攻击前场球员；或者对方后场球员去救前场，己方趁机向对方后场偷袭。

攻中路战术

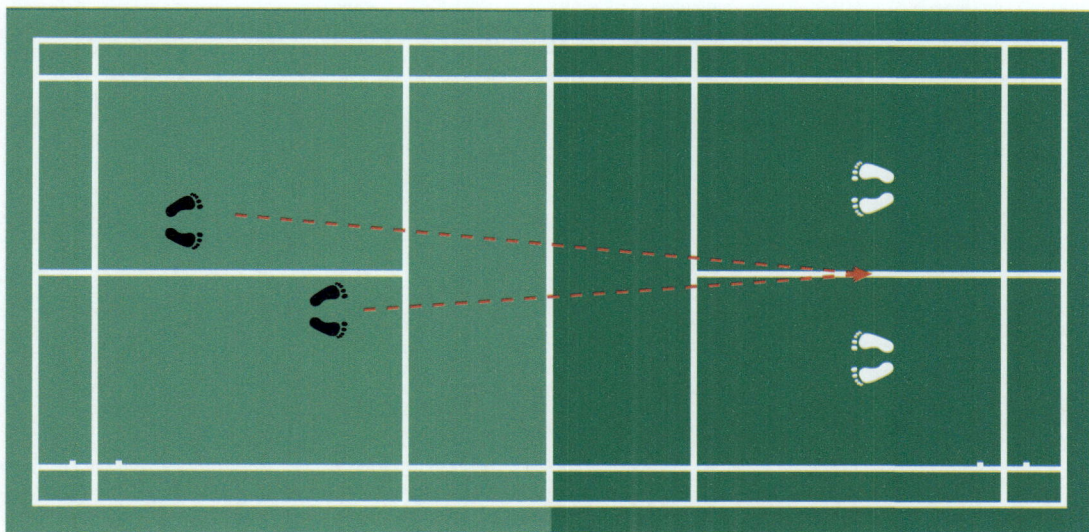

1 将球击向对方两球员的中间，使其出现争相击球或者互相让球的情况。

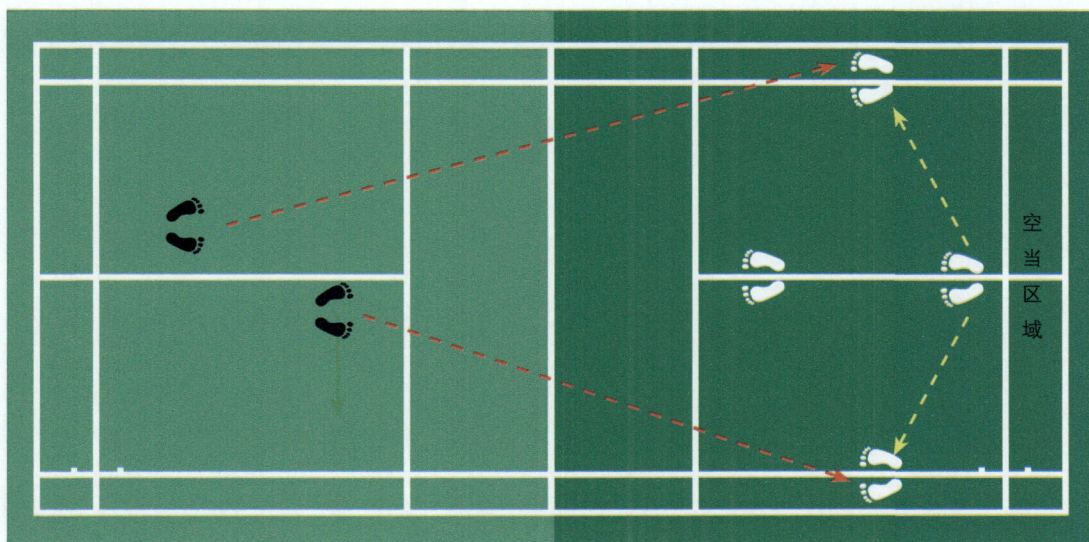

空当区域

2 将球击向对方中场两侧的边线，对方后场球员奔向两侧被动低手位击球，对己方有利，再加上后场出现空当区域，可趁机突袭后场。

技巧提示

攻中路战术主要针对配合不默契的对手。如果对方是左右站位，可将球击向两人中间，使对方出现抢球回击或让球漏接的状况；如果对方是前后站位，可将球击向对方中场两侧的边线，使对方前场球员不易接球，而后场球员只能低手位接球。

拉后场球进行反击战术

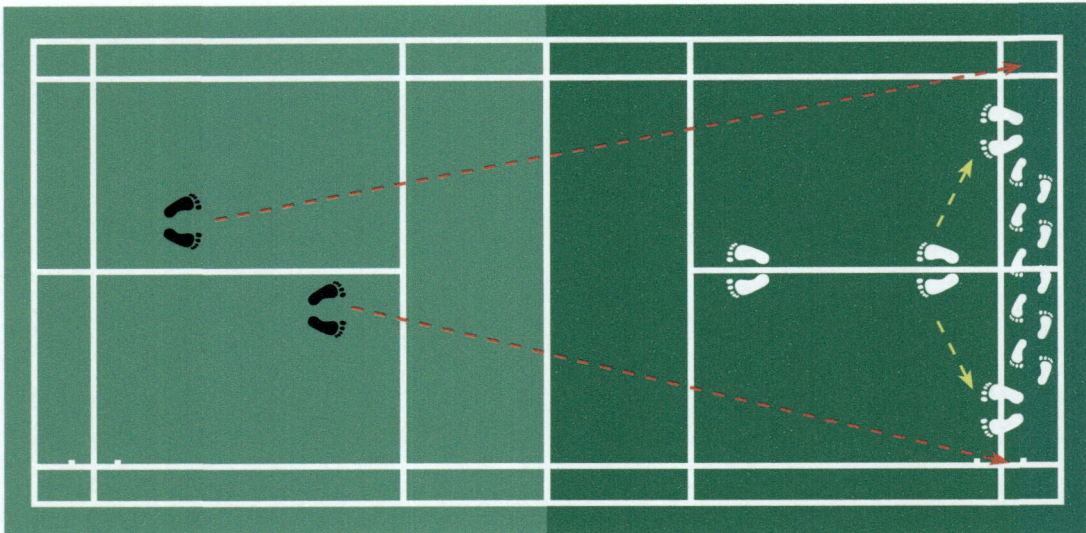

1 将球击向对方后场底线的两角，使对方后场球员疲于奔波。

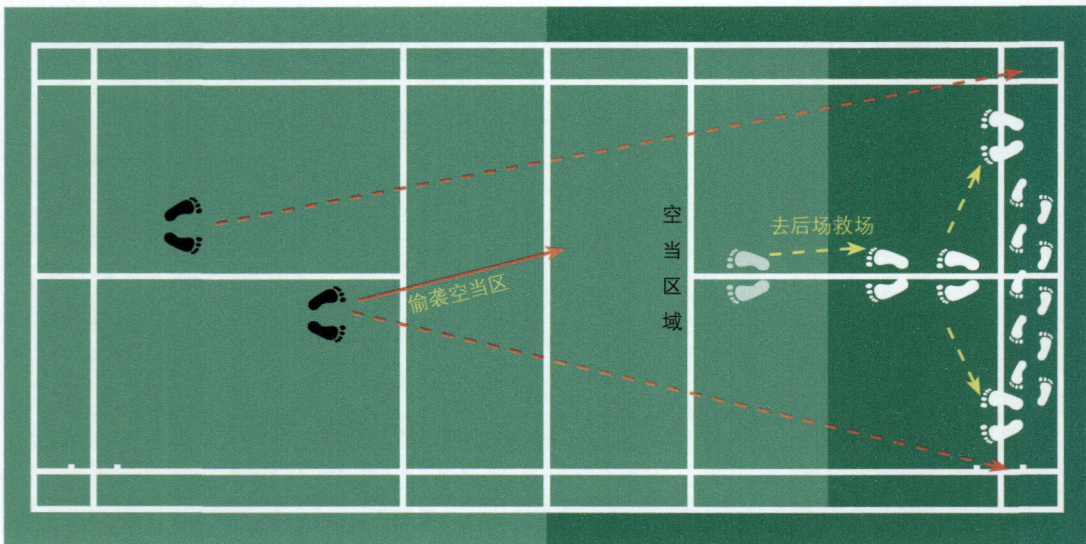

去后场救场

空当区域

偷袭空当区

2 如果对方前场球员到后场救援，则前场出现空当，可趁机突袭前场。

技巧提示

如果对方后场球员的扣杀能力较差，可使用此种战术。此战术综合运用击后场球的战术，将对方的一名球员锁定在后场来回奔波，待其击出质量不高的球时，可伺机进攻；当前场的队员退回后场救援时，可伺机突袭前场。

前场封压进攻战术

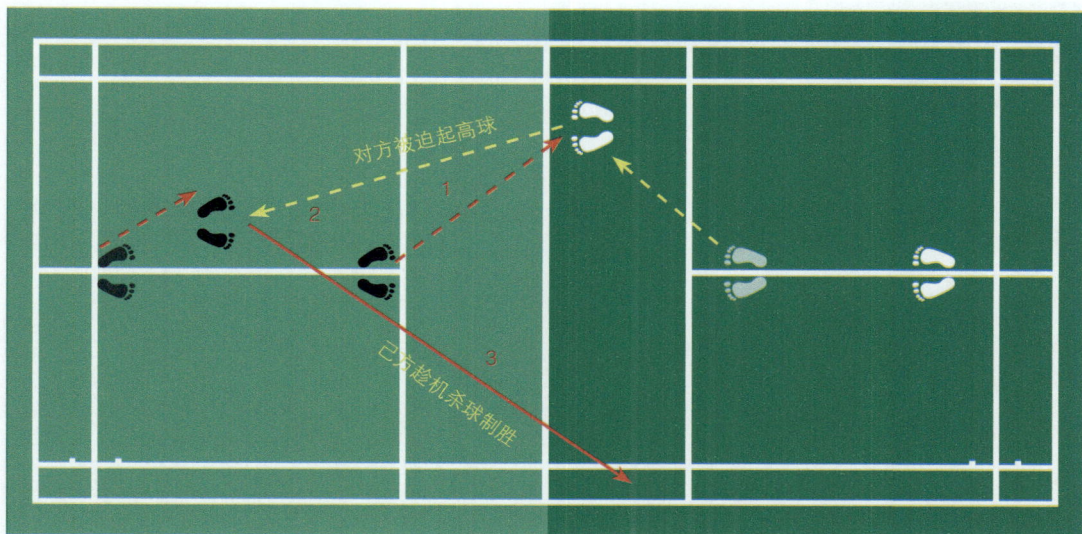

对方被迫起高球

己方趁机杀球制胜

1 将球击向对方网前，对方被迫上网起高球，己方可趁机杀向对方中场边线。

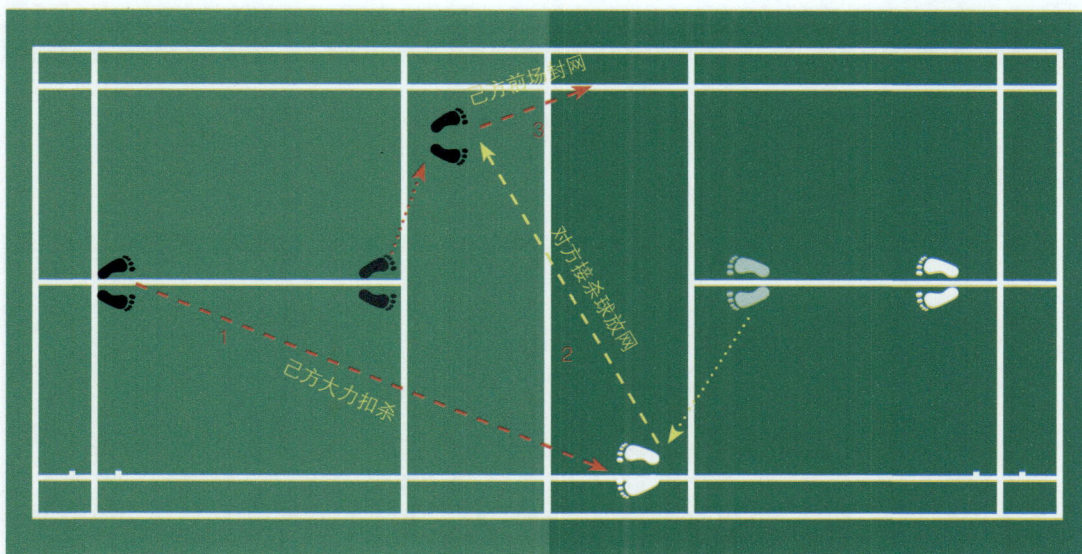

己方前场封网

对方接杀球放网

己方大力扣杀

2 对己方的杀球，对方能勉强救起，在回球质量不高的情况下，己方可在网前继续封杀。

技巧提示

如果己方球员之前配合默契，而且己方位于前场的球员技术很好，可采用此种战术。前场球员通过娴熟的前场技术迫使对方起高球，此时己方可趁机杀球。

3 防守战术

▌调整站位

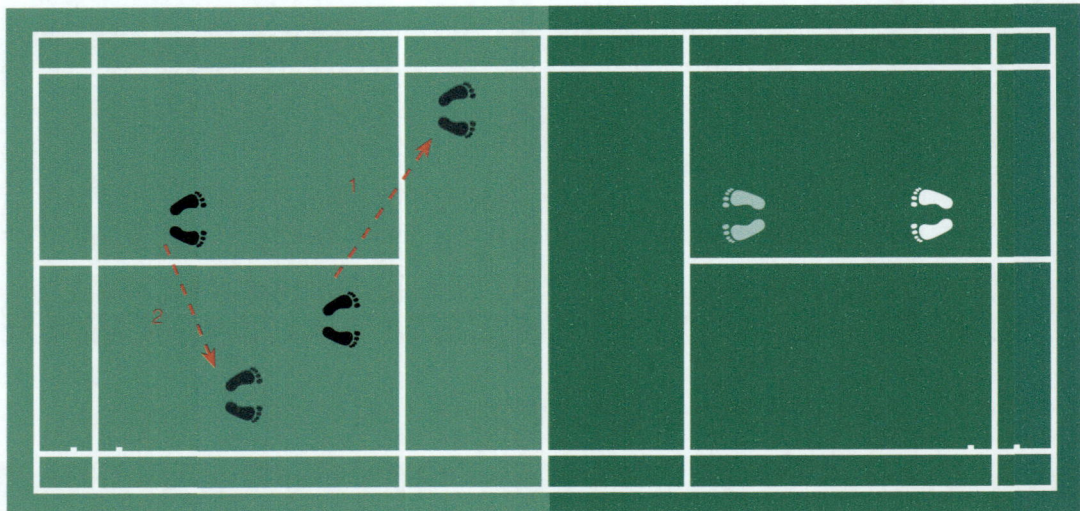

提示
原则上两人的移动形成互补，一人跑动击球时，另一人迅速补上空当位置。

▌直线后退

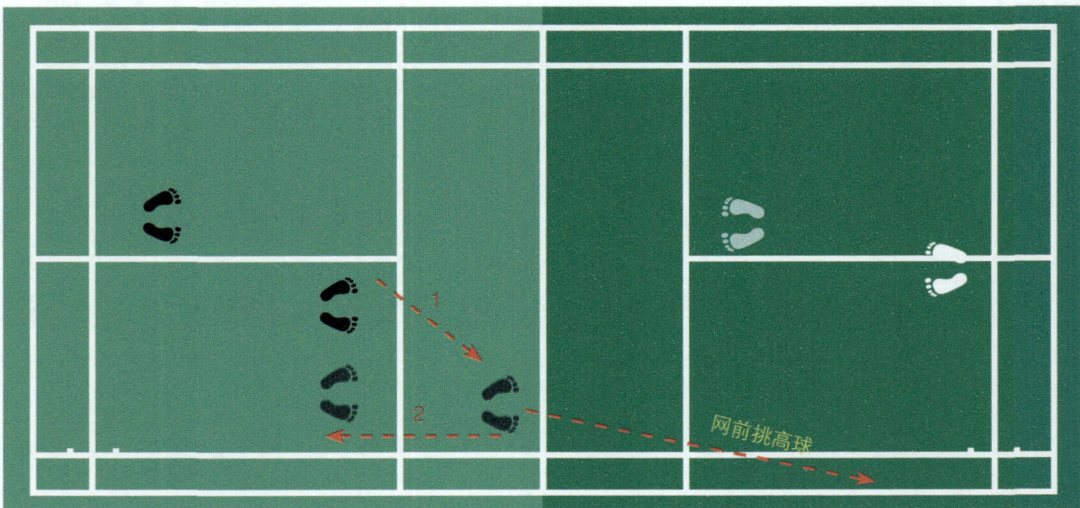

网前挑高球

提示
网前挑高球后，一定要直线后退，切忌对角线后退。直线后退的距离短，反应速度快，可以迅速回到站位；而对角线后退的距离较长，移动的轨迹比较暴露，很容易被对方打追身球。

回击空当区

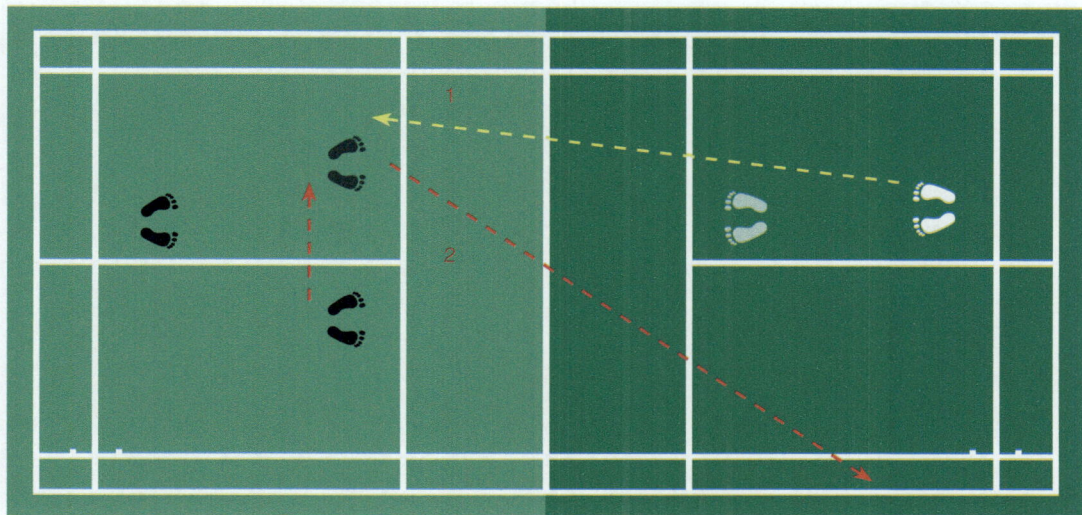

对方为攻方，一人杀球，一人封网，两人处于同半边场地，前后位于一条直线上；此时己方在接杀球时，应把球回击到对方的另外半边场地或后场。

回击网前球或后场球

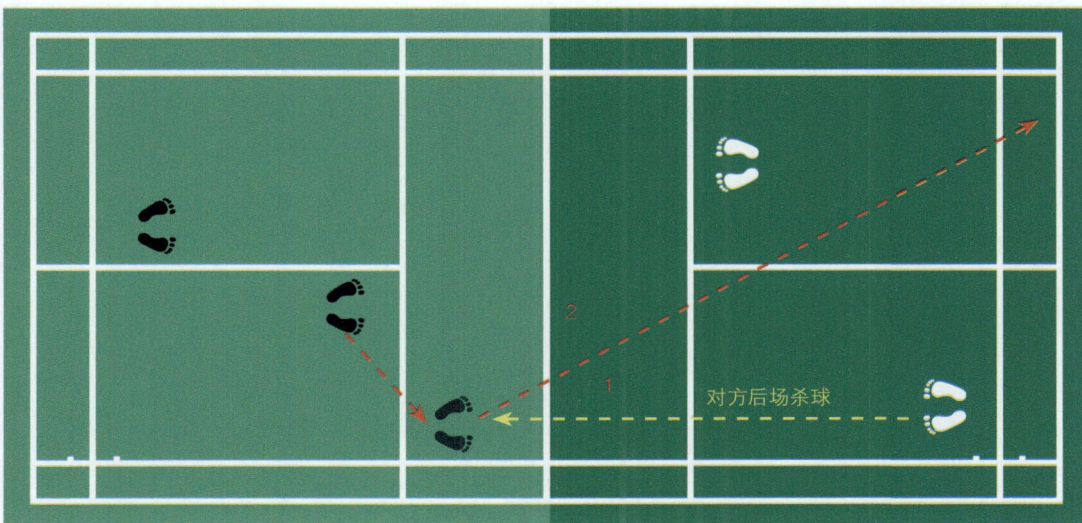

对方后场杀球

对方为攻方，一人杀球，一人封网，前后处于对角线上；己方接杀球时，可将球击到杀球者的网前或者封网者的后场。

回击直线球或对角线球

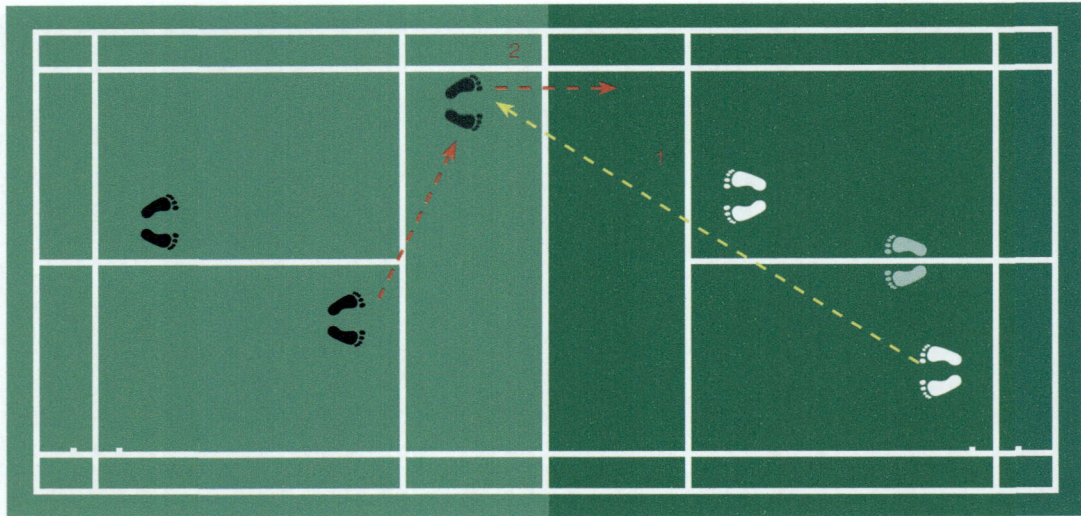

对方为攻方，对方杀球者杀对角线球，另一名队员也退到后场去助攻；此时己方接杀球时，可将球还击到对方网前。

视对方来球挑直线球或对角线球

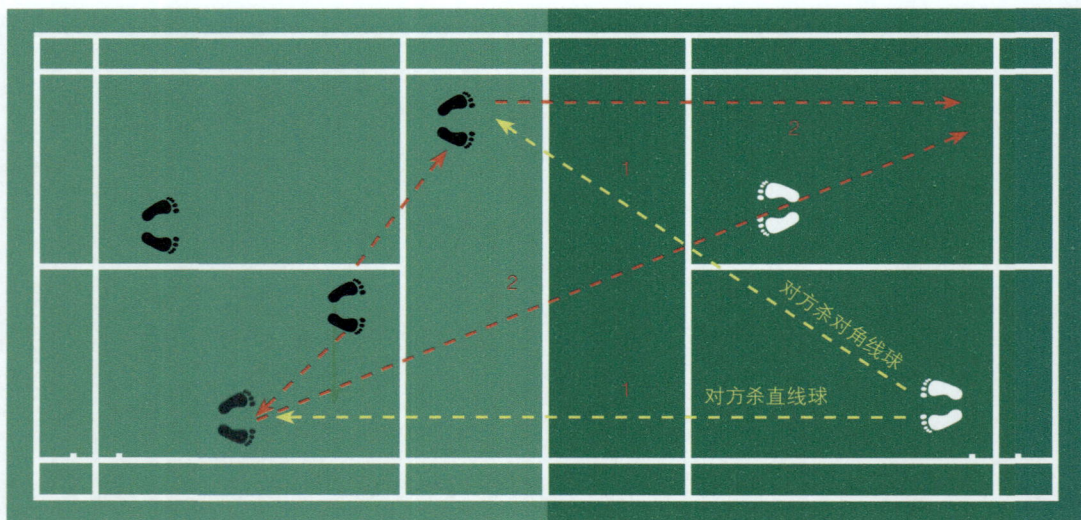

对方杀对角线球

对方杀直线球

对方为攻方，可以将其杀来的直线球挑对角线球，或者将其杀来的对角线球挑直线球，以此调动对方在后场跑动。

第13章

综合体能训练

要想羽毛球打得好，必须有一副好体魄，练就好的身体素质。在综合体能中，力量、速度和耐力是最重要的三个身体素质，需要着重训练。

第13章

1 力量练习

力量在体育运动中是首要的素质，在羽毛球运动中也一样，羽毛球的步法移动快慢、挥臂快慢、击球是否有力等，都与力量直接相关。

▌上肢力量练习

提高上肢力量，可以增加挥拍击球的力量，提高挥拍击球的速度，给对方带来很大威胁。

上肢力量练习主要涉及四个部位：肩部、上臂、前臂和手腕。

常用上肢练习方法：持哑铃的各种练习、杠铃的各种练习、俯卧撑练习、指卧撑练习等。

常用羽毛球专项上肢练习方法：用羽毛球拍做各种挥拍练习、用网球拍做各种挥拍练习。

▌下肢力量练习

羽毛球运动中，主要的负担在下肢，下肢的快速移动对步法很重要，练就强有力的下肢是身体素质训练的重要部分。

下肢力量练习主要涉及的部位：骨盆区、大腿、小腿、脚踝。

常用下肢练习方法：侧踢腿、徒手半蹲、负重半蹲、跳台阶、蛙式跳等。

常用羽毛球专项下肢练习方法：半蹲，模仿各种步法，如上网步法、两侧移动步法和后场步法，双脚十字跳，向两侧大幅度跳跃，负重练习等。

▌腹部、背部力量练习

羽毛球运动中的各种转体、扣杀、上网动作，都需要有强有力的腹背肌肉力量。

常用腹、背力量练习方法：徒手仰卧起坐、负重仰卧起坐、徒手或负重俯卧体后屈等。

羽毛球专项腹、背力量练习方法和上面常用的方法一样。

2 速度练习

▍快速高抬腿

高抬腿跑主要是用来训练腿部力量的,可以提高下部肌肉群的蹬撑能力，长期练习可以起到增强腿部力量、扩大步幅的作用，并且能提高髋关节、膝关节、踝关节等下肢关节的力量、柔韧性和协调性。

▍快速跨步跳

跨步跳是用来提高腿部力量的重要手段，可以提高腿部的爆发力和弹跳力。练习时，起跳腿要快速用力蹬地，摆动腿要主动屈膝、前摆送髋，两臂配合前后摆动。

▍快速跑台阶

身体保持直立，一步一个台阶地向上快速跑，速度尽量快，注意摆臂。从台阶上跑下的时候也要快速，一步一个台阶，保持上身直立，放松。一定要注意安全。

▍30 米、60 米、100 米全速跑

短距离的全速跑，可以有效提高爆发力、蹬地能力和速度。

▍变速往返跑

变速跑是指分段用不同的速度跑步，是快跑与慢跑交替进行的一种运动方法。变速跑不仅能丰富锻炼内容，增加跑步兴趣，而且对提高人体机能也大有好处。一般情况下，建议在练习的时候往返2~3次，以达到最好的锻炼效果。

▍多角度快速击球练习

练习具体击球动作时，频率要快，挥拍也要快，击球点要不断变化，以锻炼手脚快速变化能力。

▍快速挥拍练习

快速挥拍练习，可以锻炼手腕和前臂的速度和力量，提高手腕和前臂的爆发力。注意动作要正确。训练时，可以选择稍微重一些的拍子，效果更佳。

第13章
3 速度耐力练习

速度耐力，是指在长时间内保持快速运动的能力，既包括速度的锻炼，也包括耐力的锻炼。羽毛球运动体力消耗大，持续时间长，从始至终都要求速度，一定量的速度耐力训练也是必要的。

200~3 000 米全速跑

200 ~ 3 000米全速跑，常用的锻炼距离为：
200米全速跑；
400米全速跑；
800米全速跑；
1 500米全速跑；
3 000米全速跑。
可以循序渐进地进行。

较长时间快速步法练习

较长时间的步法练习，注意脚下速度要快。从米字步开始，然后循序渐进地进行上网步法、两侧移动步法、后场步法的练习。

较长时间快速多球练习

根据前面学过的各种击球技术的训练方法，进行较长时间的快速多球练习。较长时间快速多球练习对身体素质要求很高，不仅锻炼体力、速度，还能有效提高反应能力。可采用多球练习，甚至由两个发球者陪练。

羽毛球运动常见运动损伤及处理

羽毛球运动属于对抗性比较激烈的运动，动作幅度大，强度高，容易发生运动损伤。长期进行羽毛球运动的人，运动时需要做好防护，需要了解如何正确处理运动损伤的方法。本章对羽毛球运动容易出现的运动损伤进行了讲解，并介绍了适当的处理方法。

第14章 常见的运动损伤及预防措施

羽毛球运动的损伤主要是软组织的损伤，如肌肉、筋膜、肌腱、腱鞘、关节囊与韧带等。容易受伤的身体部位主要是肩关节、腕关节、膝关节、脚踝和腰部，另外还有肘关节，容易形成网球肘。下面作具体探讨。

▌腕关节损伤及预防

损伤原因：挥拍过程中，各种击球动作需要手腕不断地后伸和外展，手腕部位的三角软骨盘不断旋转，甚至碾压，容易造成损伤。另外，拍子的磅数高，拍子硬，比较容易震伤手腕。

损伤预防：进行羽毛球运动前，做一些准备活动，将手腕活动开；选择适合自己的拍子；运动时戴上护腕，加固腕部。

▌膝关节损伤及预防

损伤原因：扣杀和跳起是羽毛球运动中常用的动作，如果跳起后落地时的姿势不正确，则人会失去平衡，很容易导致膝关节的损伤。容易出现损伤的位置有半月板、内侧韧带和外侧韧带。

损伤预防：运动前活动身体，将膝关节活动开，还可以进行一些和膝关节有关的肌肉练习，比如背靠墙壁进行静力半蹲练习，刚开始可以蹲5分钟，逐渐加长时间，在腿部肌肉感到微微抖动时即可停止。

▌网球肘及预防

损伤原因：网球肘是指手肘外侧肌腱发炎疼痛，是所有持拍类运动中常见的损伤。羽毛球运动中，屈腕动作、前臂内旋和外旋动作都比较多，肌肉集中发力，韧带常处于拉紧状态，容易出现损伤。

损伤预防：运动前将各个关节活动开，可以做一做挥拍练习，在击打过程中，握拍放松，肘部不要过直。必要时可佩戴护肘。

▌▌肩部损伤及预防

损伤原因：各种正反手的击球都需要手臂后引，击球时手臂带动手腕，肩关节需要不断重复这些动作，周围的肌肉容易因负荷过重而受伤。

损伤预防：加强肩关节的训练。可在肘部放置一定重量的物体，将肘部平举，与肩齐高，保持1~2分钟。每次练4~6组。

▌▌踝关节损伤及预防

损伤原因：羽毛球的落点变化很大，为了击球，球员要不时地根据来球落点的变化而移动，而且移动速度快，所需力量大，很容易冲击到脚踝，使裸关节因负担过重而损伤。谨记，脚踝损伤过多的话，就会形成习惯性损伤，因此一定要做好防护，纠正错误姿势。

损伤预防：注意脚部着地的方法。着地时，脚部尽量放轻，缓冲脚踝的压力；前跨步时，脚跟外侧先着地，然后整个脚掌着地。注意场地和球鞋的选择，要选择带有塑胶木质地板的场地和合适的羽毛球鞋。

▌▌腰部损伤及预防

损伤原因：随着场地上落球点的不同，羽毛球运动者的腰部要不断前屈、后仰来配合接球，而且经常要进行转体，加上动作很快，因此很容易拉伤腰部。

损伤预防：运动前热身，扣杀时腰部肌肉保持紧张状态。必要时佩戴护腰。如果出现了腰部扭伤，要立即停止运动，及时就医，多卧床休息，等腰部彻底康复后再运动。

▌▌肌肉拉伤及预防

损伤原因：肌肉拉伤是所有运动中都可能发生的损伤。羽毛球运动中，拉伤部位多见于大腿后肌群和肘部内侧肌群。击球姿势、步法姿势不正确，都有可能导致拉伤。肌肉拉伤分两种，即主动拉伤和被动拉伤。主动拉伤是肌肉猛烈收缩造成的，被动拉伤则是肌肉在还处于僵硬、紧张状态下时受到猛烈牵引导致的，常见于冬天运动热身不充分的时候。

损伤预防：避免错误的打球姿势，加强肌肉锻炼与热身。

羽毛球专用手势与术语、发球裁判员手势及术语、司线员手势及术语

羽毛球比赛

羽毛球运动是一种全身运动项目，不受场地、年龄、性别的限制，单人对练、集体会战皆可，这些特点决定了羽毛球运动会成为大众容易接受的运动项目。本章主要介绍羽毛球的比赛规则。

羽毛球比赛规则

羽毛球专用手势与术语

裁判员专用手势及术语

停止练习
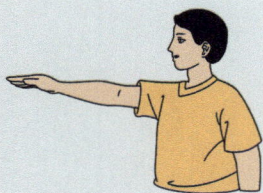

换发球（指向发球方）

第二发球、连击

持球、拖带
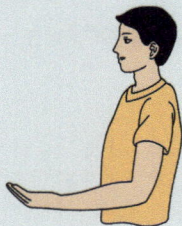

触网

过网击球
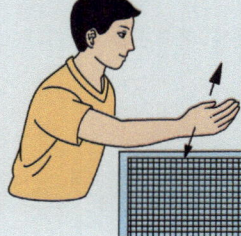

暂停

方位错误

得分

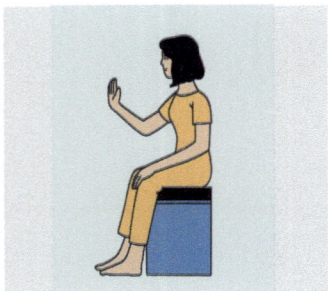

击球瞬间，球拍杆未指向下方，整个拍头未明显低于发球员的整个握拍手部

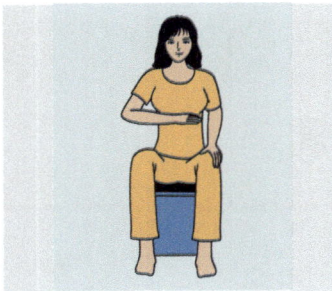

击球瞬间，球的整体未低于发球员的腰部

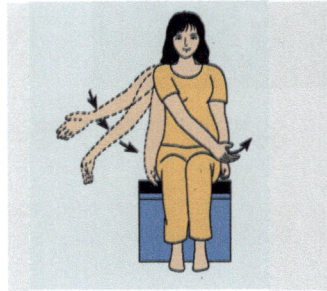

不正当延误发球出击，发球员球拍向前挥动不连续

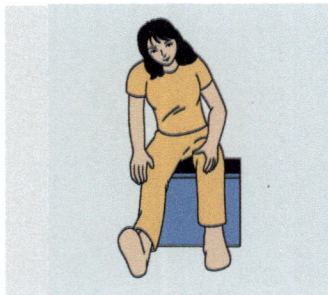

发球击出前，脚不在发球区内、触线或移动

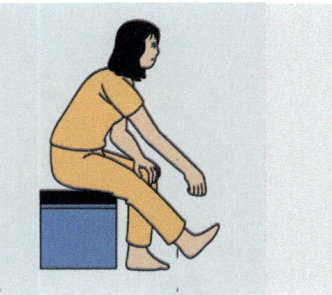

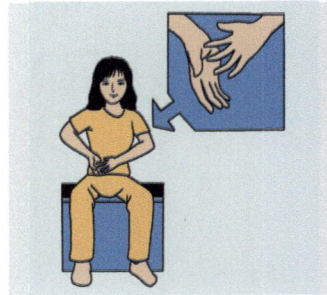

最初的击球点不在球托上

● 司线员手势及术语

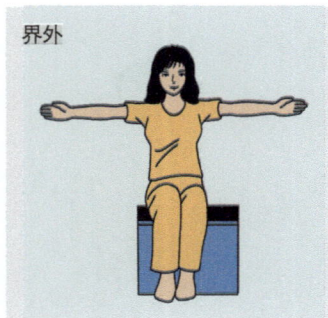

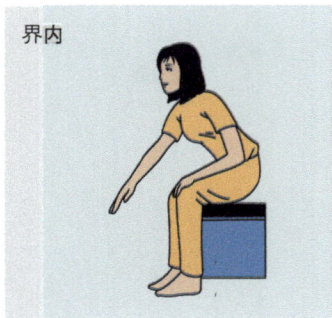

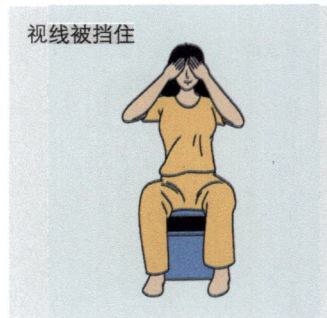

界外

界内

视线被挡住

羽毛球比赛制度

计分制度

比赛采用21分制。新规则实行每球得分制。每局比赛，分数先达21分的一方，该局获胜，但下面两种情况除外：双方比分20平后，率先领先2分的一方，该局获胜；29平后，分数先达30分的一方，该局获胜。除非另有规定，整场比赛采用3局2胜制。

场区规则

（1）以下情况，运动员应交换场区。
①第一局结束。
②第三局开始。
③第三局或只进行一局的比赛，一方分数达到11分时。
（2）如果运动员未按以上规则交换场区，一经发现，双方在死球时立即交换，已得分数有效。

发球和重发球

（1）得分者方同时获得发球权。一局中，发球员的分数为0或双数时，双方运动员均应在各自右发球区发球或接发球；发球员得分为单数时，双方运动员均应在各自左发球区发球或接发球。
（2）以下情况，运动员应重发球。"重发球"时，最后一次发球无效，原发球员重发球。
①遇到不能预见的意外情况。
②除发球外，球过网后，挂在网上或停在网顶。
③发球时，发球员和接发球员同时违例。
④发球员在接发球员未做好准备时发球。
⑤比赛进行中，球托与球的其他部分完全分离。
⑥司线员未看清球的落点，裁判员也不能做出决定。

比赛连续性

每局比赛，一方分数达到11分时，进行1分钟的技术暂停，双方进行擦汗、喝水等活动。每局比赛之间允许有2分钟的间歇。除上述两种情况外，比赛自第一次发球开始至该场比赛结束应是连续的。除非有特殊情况（比如地板湿了，球打坏了等）发生，运动员不可再提出中断比赛的要求。

违例

▌发球违例

◉ 发球过手 ▶

在发球过程中，击球瞬间，球拍顶端没有明显向下，拍头没有明显低于手部，即判"发球过手"违例。

错误动作	正确动作
拍框未低于手部	拍框明显低于手部
拍头未低于手部	拍头明显低于手部

错误原因：发球时，肘部没有提起，或者拍框顶端没有明显向下。
纠正：发球时，肘部提起，拍头向下，击球时球拍向前推出，而不是横向提起击球。击球点尽量距离自己近一些。

在发球过程中，挥拍发球时动作有停顿，然后再继续进行挥拍击球。这种发球行为带有欺骗性质，使对方选手产生错误预判，然后再改变发球方向，这种情况被判作"两次动作"违例。

第一次击球，在接触球之前动作停顿

然后又向另一个方向击球，将球发出

错误与纠正

错误原因：没有养成好的发球习惯。
纠正：在学习发球时就要注意正确的发球方法，避免以后进行羽毛球运动时不自觉地出现错误。

◉ 发球不过网 ▶

典型的发球失误，对方得分，并转换发球权。为避免这种情况发生，发球时要注意调整好拍面。

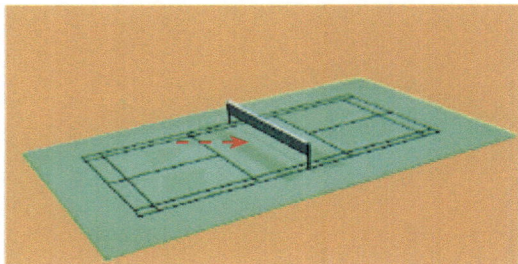

在发球过程中，击球的瞬间，球的任何部分高过发球员的腰部，均被判为"过腰"违例。在这里，"腰"是指发球员腰带偏上的位置，并不是指确切的腰带所在的位置。发球不能过腰这一规则，主要是防止发球员在高击球点把球平击过去，对接发球造成威胁。

错误与纠正

错误原因：持球手过高，从而使球拍抬得过高，而且很多时候自己没有意识到。
纠正：发球前有意识地低头观察球拍位置，尽量保持手部不超过腰部。一般在手部不高于腰带的情况下，发球不会过腰。

▌赛程中的违例

以下是对羽毛球比赛规则中违例行为的总结，一共16条。

1.双打接发球员的同伴去接发球或被球触及。

2.球落在球场界限外。

3.球从网孔中或网下穿过。

4.球不过网。

5.球触及天花板或四周墙壁（这一条中，如果球场天花板过低，双方可以商定球触及天花板属于违例或重发球）。

6.球触及运动员的身体或衣服。

7.球触及球场外其他物体或人。

8.过网击球，即球拍与球的最初接触点不在击球者所在的球网一侧。

9.触网，即运动员的球拍、身体或衣服触及球网或球网的支撑物。

10.球员的球拍或身体从网上侵入对方场区（击球者在本方击中球后，球拍可随球过网，不属违例）。

11.球员的球拍或身体从网下侵入对方场区，妨碍对方击球或分散对方注意力。

12.妨碍对方，阻挡对方紧靠球网的击球（即放网后在网前高举球拍阻碍对方挑起高球）。

13.比赛中，运动员故意分散对方注意力的任何举动，如喊叫、故作姿态等。

14.拖带，即击球时，球停滞在球拍上，紧接着被拖带抛出。

15.连击，即同一运动员两次挥拍，且连续两次击中球；或同方两名运动员在一次回球中连续各击中球一次。

16.球触及球拍后继续向后场飞行。

羽毛球单、双打接发球规则

单打接发球规则

1.1 发球员的分数为0或双数时，双方运动员均应在各自的右发球区发球或接发球。

1.2 发球员的分数为单数时，双方运动员均应在各自的左发球区发球或接发球。

1.3 如"再赛"，发球员应以该局的总得分，按规则1.1和1.2的规定站位。

1.4 球发出后，由发球员和接发球员交替对击直至"违例"或"死球"。

1.5.1 接发球员违例或因球触及接发球员场区内的地面而成死球，发球员就得一分。随后，发球员再从另一发球区发球。

1.5.2 发球员违例或因球触及发球员场区内的地面而成死球，发球员即失去发球权。随后，接发球员得一分，并成为新的发球员。

双打接发球规则

1.1 与单打相同，发球方得分为0或双数时，双方在右半场进行发球或接发球；当发球方得分为单数时，双方在左半场进行发球或接发球。

1.2 只有接发球员才能接发球；如果他的同伴去接球或被球触及，发球方得一分。

1.3.1 自发球被回击后，由发球方的任何一人击球，然后由接发球方的任何一人击球，如此往返直至死球。

1.3.2 自发球被回击后，运动员的站位不再受发球的限制，可以在本方场区任何位置击球。

1.4.1 接发球方违例或因球触及接发球方场区内的地面而成死球，发球方得一分，原发球员继续在另一发球区发球。

1.4.2 发球方违例或因球触及发球方场区内的地面而成死球，接发球方得一分，并成为发球方。此时两位选手不交换左右半场。

1.5 任何一方首先发球员失去发球权后，由首先接发球的同伴发球，失去发球权后再由首先发球员的同伴发球，其失去发球权后，由首先接发球员发球，如此传递发球权。

1.6 发球必须从两个发球区交替发出。

1.7 运动员不得有发球顺序错误和接发球顺序错误，或在同一局比赛中连续二次接发球。

1.8 一局胜方中的任一运动员可在下一局先发球，负方中的任一运动员可先接发球。

其余请参考第一章关于羽毛球的比赛制度。

在线视频访问说明

本书提供部分动作练习的在线视频，您可通过微信"扫一扫"，扫描书中的二维码进行观看。

Step1： 点击微信聊天界面右上角的"+"，弹出功能菜单

Step2： 点击弹出的功能菜单上的"扫一扫"进入该功能界面

Step3： 对准书中二维码进行扫描

（打开微信"扫一扫"）

（通过微信"扫一扫"扫描书中二维码即可观看）

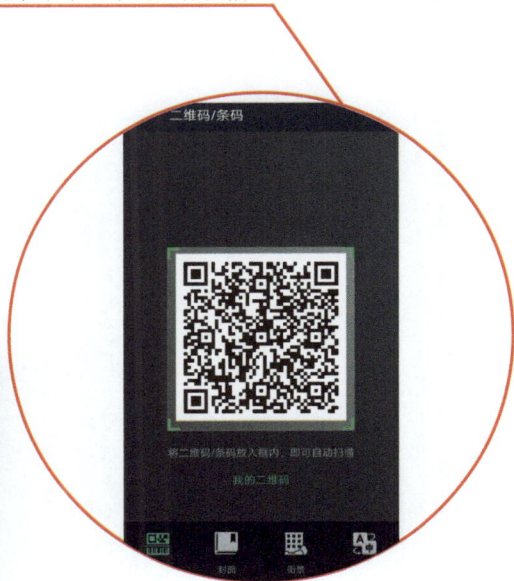

- 如果您已关注微信公众号"动动吧"，扫描后可直接观看视频；
- 如果您未关注微信公众号"动动吧"，扫描后会出现"动动吧"的二维码。请根据说明关注"动动吧"，并点击"资源详情"，即可观看视频。
- ▶ 书中有 ⏵ 标识的动作练习配有对应在线视频。
- ▶ 本书提供的视频均通过扫描同一二维码进行观看。为方便读者使用，本书将在配有视频的动作练习所在的小节的标题处（第43页、第45页、第50页、第66页、第88页、第104页、第113页、第117页、第120页、第127页、第129页、第132页、第136页、第140页、第149页、第155页和第194页）提供该二维码，读者扫描任意一处二维码后即可获得动作练习视频目录，按需进行观看。